人类史 5000 年

有故事的地表霉斑

公元前的人类史

〔日〕出口治明 著
钱儒亭 译

人民文学出版社
PEOPLE'S LITERATURE PUBLISHING HOUSE

著作权合同登记号　图字 01 - 2024 - 3319

Original Japanese title：JINRUI 5000 NENSHI I
Copyright © 2017 by DEGUCHI HARUAKI
Original Japanese edition published by Chikuma Shobo Publishing Co., Ltd.
Simplified Chinese translation rights arranged with Chikuma Shobo Publishing Co., Ltd. through The English Agency (Japan) Ltd. and Eric Yang Agency.

图书在版编目(CIP)数据

有故事的地表霉斑：公元前的人类史 ／（日）出口治明著；钱儒亭译. -- 北京：人民文学出版社，2025.（人类史 5000 年）. -- ISBN 978-7-02-019016-4

Ⅰ. K109

中国国家版本馆 CIP 数据核字第 2025KY2474 号

责任编辑　朱卫净　吕昱雯
装帧设计　李苗苗

出版发行　人民文学出版社
社　　址　北京市朝内大街 166 号
邮政编码　100705

印　　刷　山东新华印务公司
经　　销　全国新华书店等

字　　数　118 千字
开　　本　635 毫米×965 毫米　1/16
印　　张　12.5
版　　次　2025 年 1 月北京第 1 版
印　　次　2025 年 1 月第 1 次印刷

书　　号　978-7-02-019016-4
定　　价　59.00 元

如有印装质量问题，请与本社图书销售中心调换。电话：010 - 65233595

前 言

自2016年1月我的《全世界史讲义》（Ⅰ、Ⅱ）在新潮社发行以来，我收到了读者们的许多"想更多地了解世界史"的感想。这套书就是响应读者们的期望，在我"如果一年写一本，也许还是做得到的"的推想之下诞生的。历时一年多，第一本总算问世了。能完成这一目标，多亏了十分关照我的筑摩书房的羽田雅美女士，以及负责校对的矢彦孝彦先生。羽田女士、矢彦先生，真的非常感谢你们。

历史学是一门每天都有新成果发表的日新月异的学科，想要跟上它的发展速度是颇有难度的。这套书可能还需要花费五年以上的时间，我一定会继续努力地写作，还请各位多多关照，也期待各位不吝赐教，多多提出意见。

邮箱：hal.deguchi.d@gmail.com

出口治明
2017年10月

目录 contents

第一章　文字出现之前的世界　001

从共同祖先到人类出现　003
语言的诞生　006
大脑的发达　011
家畜的驯化　013
农耕社会的开端　017
文字的出现　019

第二章　第一个千年的世界　023
（公元前 3000 年—公元前 2001 年）

世界上最古老的文明苏美尔　025
埃及文明　029
埃及古王国与金字塔的建造　031
印度河文明　034
美索不达米亚地区的统一与埃及的
　再统一　035

苏美尔文明复兴期 038
第一个千年末期的世界（公元前
　2001年前后） 041

第三章　第二个千年的世界　045
（公元前2000年—公元前1001年）

埃及中王国的霸权 048
古巴比伦王国统一美索不达米亚
　地区与喜克索斯人征服埃及 050
赫梯的登场与迈锡尼文明 056
黄河文明登场 057
埃及新王国的繁盛 062
最初的宗教改革与埃及的众神 066
赫梯的霸权与卡迭石之战 070
公元前1200年的大灾难 073
以色列建国 077
商的覆灭 079

第四章　第三个千年前半期的世界　085
（公元前1000年—公元前501年）

平王东迁与中华思想的诞生 088
新亚述王国的崛起 092

希腊城邦的诞生	095
希腊神话的世界	098
印度的部族国家	100
亚述的世界帝国	101
新巴比伦王国的繁荣	103
希腊城邦的发展	105
春秋五霸	109
阿契美尼德王朝带来的全球化	111

第五章　第三个千年后半期的世界　117
（公元前 500 年—公元前 1 年）

希波战争	120
佛教的创立	124
吴越争霸	126
孔子的教诲	128
雅典之春	130
战国时代的开始	135
希腊的霸权争夺	138
佛教教派的分裂	140
《旧约圣经》的成书	142
罗马的崛起与伊特鲁里亚人的衰退	143
亚历山大大帝	147

印度的统一	153
诸子百家	156
布匿战争	163
中国的统一（秦汉帝国）	168
罗马内战	178
汉朝的兴盛	179
公元前100年前后的世界形势	183
恺撒与奥古斯都	186
公元元年的世界	192

第一章

文字出现之前的世界

从共同祖先到人类出现

生命在地球上只诞生过一次。这是一次奇迹，一次从无到有的过程。世界上所有的动物都有 DNA 作为遗传物质，遗传情报的暗号几乎一致就是最好的佐证。距今约 40 亿年前，很有可能是在原始海底的热泉喷口，具有系统的边界（细胞膜）、代谢与恒常性（新陈代谢）、自我复制这三种机能的细菌状原始生物诞生了。

也许是能从热泉的化学物质中吸取能量的嗜热菌吧——这就是地球上栖息着的所有生物的共同祖先，学术界称它为 LUCA（last universal common ancestor，最近共同祖先）。当时的地球上存在着保有 10 万度高温的等离子体，它被称为太阳风，因此只有不受太阳风影响的深海能够诞生生命。

过了约 10 亿年，地球开始产生磁场。地核内部的铁和镍等金属液体因为自转导致了热对流，从而产生了电流，地球成了一个巨大的磁石（发电机理论）。因为这一磁力，太阳风被扭曲，大约 27 亿年前，太阳风从地球上消失了。

生物趁此机会开始在浅海繁殖。可以利用太阳进行光合作用的细菌（蓝藻等）诞生了。同时，地球上也因此出现了氧气。约 19 亿年前，全球冻结（雪球假说），能够将 DNA 包裹在核膜内的真核生物出现了。在这之前，地球史只存在真细菌和古细菌这些原核生物。真核生物诞生之后，在大约 10 亿年前，多细胞生物首次出现了。

就这样，度过了极为漫长的岁月，生物逐渐完成了自己的进化。不过，作为进化舞台的地球可不是一位慈母，脾气十分暴躁，在生物进化的过程中，地球的物理变动（气候、地壳运动或者是与陨石发生碰撞）数次将生物们逼到灭绝的边缘。从多细胞生物诞生到如今，最少共有过五次生物大灭绝。

约 6 亿 3500 万年前开始的埃迪卡拉纪时期，生物多种多样，被称为"阿瓦隆爆发"（但是埃迪卡拉生物群后来几乎全部灭绝了）。5 亿 4100 万年前开始的古生代，在最初的寒武纪出现了"寒武纪大爆发"，它对生物的历史产生了巨大的影响。种类纷繁的动物向着不同的方向进化：有的像植物一样自己生产赖以生存的能量（光合作用，独立营养）；有的几乎不进行活动，以此来节省能量；有的通过捕食其他生物（进化出运动机能）获取能量（从属营养）。在这一时期，捕食者第一次在生物中出现了。

换言之，动物之间开始了弱肉强食的军备竞赛，爪牙、骨骼与眼睛等器官都因此而诞生。这些为了捕食或是避开被捕食的现代动物的基本身体构造基本都是在这一时期进化完成的。寒武纪大爆发也因此被认为是进化史上的一个重大节点。

不过，这些都是在海洋中发生的。即使太阳风已经消失，但是紫外线依然强烈，生物还是无法上岸。太阳在很长一段时间内依然是地球生物的主要敌人。

在大约6亿年前，因为光合作用，大气中的氧气含量达到了与现在相似的20%左右，臭氧层隔断了大部分的紫外线。由此，生物第一次从海洋迈向了陆地，首先是细菌和植物，之后则是被称为两栖类的动物。3亿5900万年前的石炭纪生物完成了"深海—浅海—陆地"的生物进化三级跳，在此之后又发生了数次大灭绝。

特别是在2亿9900万年前的二叠纪与2亿5200万年前的三叠纪之间发生的二叠纪末大灭绝事件（五次大灭绝事件的第三次），这是古生物史上发生过的最大规模的生物灭绝，大约96%的生物在这次事件中灭绝。这次大灭绝的原因目前尚未确定，有说法认为这与盘古大陆的分裂有关。不过，以二叠纪末大灭绝为界，地球由古生代进入了中生代。从动物的角度来看，就是两栖类开始向爬行类衍化了。

这之后就是我们熟悉的恐龙时代了。它主要处于1亿4500万年前到6600万年前的白垩纪。这个时代因为一颗直径10千米的陨石碎片撞击在尤卡坦半岛所引发的最后一次大灭绝而结束，爬虫类开始向哺乳类转变，地球进入了新生代。不过恐龙并没有完全消失，现在的鸟类正是恐龙的后裔。恐龙进化成了鸟类，生存至今。

这之后，大约 700 万年前，栖息于非洲的人与猩猩的共同祖先开始分化。人类诞生了。人与猩猩在 DNA 上的区别其实只有 1%。人亚族在荣枯盛衰的历程中，逐渐开始直立行走并且能够使用工具，之后又发现了火……最终只有现代人（晚期智人，下文简称智人）生存了下来。智人就是"聪明的人"的意思。

大约 20 万年前（或是 25 万年前），智人在东非大裂谷附近诞生。大约在 10 万年前至 6 万年前，他们从非洲出发，在全世界扩散开来，先是在欧亚大陆，之后又穿过白令海峡，直到南美洲的最南端。这些扩散也许是追逐当时最上乘的美味佳肴——草原哺乳类（大型动物群）的结果吧。

从地质学的调查来看，大型动物群的骨骼大量减少的时期正好是出土智人骨骼的时期，因此大型动物群的灭绝很可能是智人的捕猎过度所致。这次壮大的旅程，有人称之为大迁徙。也有人认为旅行是人类的天性，因此参照智人（homo sapiens）一词将他们称为旅行的人（homo mobilitas）。约翰·赫伊津哈（1872—1945）将他们称为游戏的人（homo ludens）。

语言的诞生

智人大约在 7 万年前学会了用语言交流（也有人认为这与走出非洲发生在几乎同一时期）。语言成为了强有力的武器，智人用它压倒了尼安德特人和丹尼索瓦人等旧人，最终

人类的荣枯盛衰

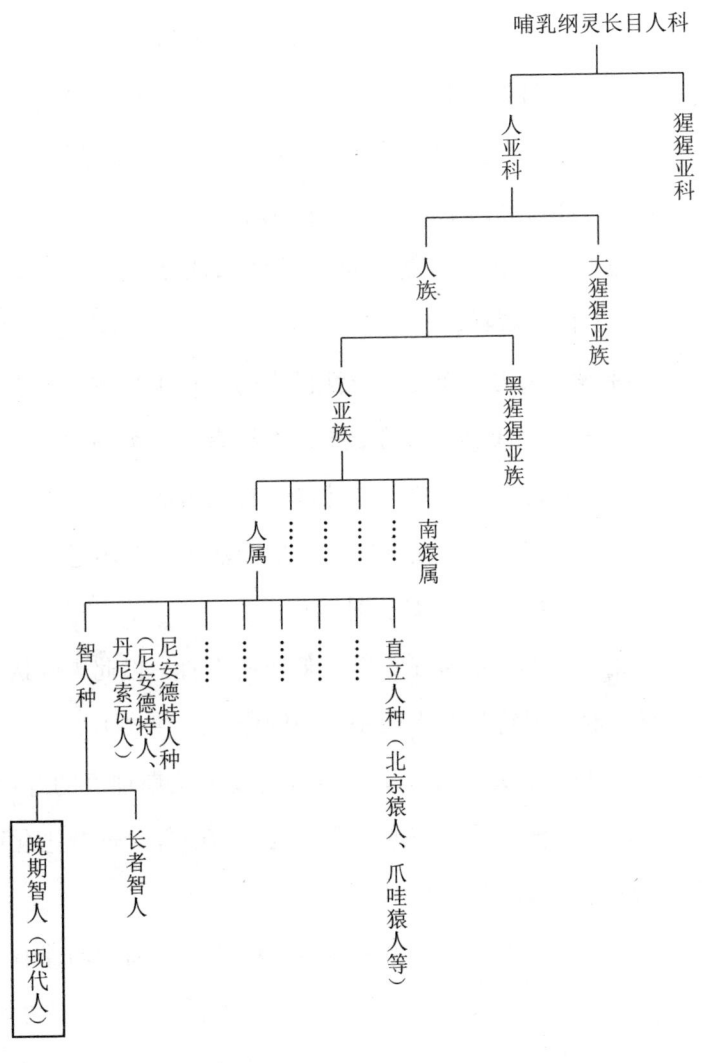

旧人都灭绝了。

为何语言能成为强有力的武器呢？假设正在进行狩猎或是战斗，有了语言就可以使诸如"就是现在，包围他们"或是"我们先到那里埋伏下来吧"之类的团体活动更加有效率。不过，通过调查现代人的DNA后发现，其实我们与尼安德特人或是丹尼索瓦人在DNA上有2%～5%是相同的，所以智人可能与这两个旧人种有过通婚。

不过，为什么只有智人可以做到如此复杂的语言交流呢？大概有两种解释。

一种解释认为，作为实用性极高的沟通工具在逐渐进化发展。有一种栖息于南美的猴子，大约有蛇、美洲狮、鹫或是安第斯神鹰这三大天敌。这种猴子看见天敌之后会发出叫声来告知同伴有危险。这种叫声我们无法听懂，不过通过实验发现，分别有A、B、C三种叫声。

听见了A叫声的猴子们都会低头向下看，以此来确认是否有蛇靠近；听到B叫声则是向周围张望，搜寻美洲狮；听到C叫声则会抬头寻找天上是否有鹫或安第斯神鹰的踪迹。语言就是从这样的鸣叫声或求偶行为（歌唱等）逐渐进化而来的。这种说法在以前占有主导地位。

不过，仔细思考之后就会发现，单纯为了通知同伴有天敌来袭，或是为了求偶而歌唱，似乎并不需要十分精密的语言系统。肢体动作、手势与表情、赠送物品，这些都可以达成目的。

因此，语言是因为大脑异常发达的智人为了整理自己的思路而发明出来的这一解释，成了主流。大脑虽然只是占智人体重个位数百分比的小器官，但是实际上消耗的能量占总需的五分之一以上。在如此小的器官上消耗如此大的能量，那么势必要节约身体其他部分的消耗，不然身体就无法正常运转。

那么，从哪儿节流呢？大多数学说认为是消化器官。食草动物的肠胃基本都又长又大，因此耗费大量时间与能量在消化上来补给营养。与之相对的，食肉动物的肠胃又短又小，因为肉的营养含量高。智人虽然原本是杂食类动物，不过随着火的使用，通过火来烤肉使得肉更易于食用，肉也由此成了主食，而富余的能量开始供给大脑，因而发明了语言。换言之，语言本来只是用来整理自己的思路而诞生的，不过之后因为在交流方面也有着极好的作用，所以获得了进一步发展。

使用着语言这一工具并逐渐在世界中散布开来的智人，开始逐渐顺应居住地而发生变化。大部分人认为人种是以毛发、眼球，或是皮肤的颜色为基准，将人区分为黑色人种、黄色人种和白色人种。不过，在如今的学术界认为，这种分类方式毫无科学上的根据与意义，智人只不过是在大迁徙中，因为当地的风土气候，导致外貌发生了一些变化。如果真的是人种不同，应该是无法正常繁衍后代的。如果看到一本书叙说了黑人与白人的不同，我会不自觉地皱起眉头——犹太人或是日本人天生优秀这类说法也是错得如出一辙。

人类拥有如此多样的语言，与外貌变化的理由是完全一致的。说着同一系统语言的族群被称为语族。民族是在语言的基础上，共享同样的宗教或是社会或是文化习惯的集团的总称。不过，例如苏格兰以格纹花呢为代表的文化传统，其实有相当一部分是于19世纪建立民族国家时，为了提高人民的向心力而创造、复兴的，这类情况是有必要注意的。因此，会有"民族不过是一个虚构的概念"这一说法的存在。

同时，在多种多样的生物中，智人绝非站在进化的顶点。西红柿、长颈鹿或是锹形虫都顺应着各自的生存环境进行了最合理的进化，并生存到了现在。所以，某种意义上来说，世界上所有的生物，都从共同的祖先为起点，并且进化生存至今，难道不应该是互相平等的存在吗？当下一次地壳运动（板块构造学说）或是行星撞击地球之类引发的灭绝事件来临时，又有哪些生物能生存下来呢？谁都无法预知。

地球上生命的历史，其实只剩下10亿年了。因为10亿年后，随着太阳的膨胀，地球上的水将全部蒸发。换而言之，地球上生命的历史只有50亿年，而我们其实已经生存了40亿年之久。

【板块构造学说】

地球的表面覆盖着十几块板块（厚度为70～150千米的地块）。板块有大陆板块和海洋板块之分，后者更加沉重。这两者发生冲撞后，更加沉重的海洋板块就会沉入大陆板块之下。板块随着它下方的地幔发生对流或是沉浮，每年都会移动数厘米，板块边界就会出现造山运动、火山喷发、地震之类的地壳运动。

大脑的发达

如前文所述,智人(下文开始称人类)与其他动物最大的区别就是大脑异常发达。同时,由于直立行走,骨盆的大小也对人类施以制约。因此,人类婴儿基本都是在大脑能通过产道时出生的。以动物的标准来看,人类的新生儿不论健康还是早产,在很长一段时间内,都是离开了成人的看护就无法生存的物种——早产就显得更加严重了。

人类在出生后,大脑就开始极速发育。大脑的发育需要消耗大量的能量,因此身体的成长被延后了。这也是为何,人类成长至成年人需要花费极长的时间。根据罗宾·邓巴的研究,人类以大约150人(邓巴数)一组的迁居狩猎集团形式生活。因为大家必须共同为新生儿准备特别的食物(共同育儿),所以人类的社会性极高。"三岁儿神话"[1]在日本一度成为话题,然而不管在哪里的人类史上都没有过类似的说法。

从潘菲德幻想小人(将大脑皮层各区的表面积比例套用到身体对应部位上的小人模型)来看的话,食指、舌头以及嘴唇都异常地巨大化。手与口的重要性一目了然。大脑的发达所带来的各种技能——使用工具、发现火、通过语言进行复杂的交流,正是人类文明诞生的基础。拉斯科洞窟(法

---

[1] 母亲在孩子三岁前必须专心育儿,不然对孩子的成长会有恶性影响。——本书脚注均为译注

国）与阿尔塔米拉洞窟（西班牙）中的彩色壁画也是它最初的体现之一吧。

因为大脑的发育过于迅速，脑血管的进化（为了大量输送血液而巨大化、强韧化）至今都没有跟上它的速度，甚至有说法认为这是如今大脑疾病的主要原因之一。人类为了获取用来制作尖锐石器的工具黑曜石，开始广泛地进行交易，这使得人们脱离了生态圈的掣肘。就如之后会提到的一样，贸易将对人类历史产生巨大的影响。

工具制作工艺的发达，不仅使大型动物群灭绝，也让人类之间的杀戮更加效率化。已经有科学证明，即便放在动物中，人类种群内的竞争意识也是异常显眼的存在。我们经常把残忍的恶性杀人事件称为丧失人性的兽行，如果其他动物能听懂，大概会怒气冲天吧。现在"维持生物多样性"这句话经常出现在我们视线中。其实像人类这样影响环境导致物种灭绝的存在，从古至今也是绝无仅有的。

所有的植物都依靠着充足的日照与水源以及土壤的肥沃程度而生长。肥沃的土壤中有无数的微生物。顺带一提，地下生物的数量其实多于地上生物。食草动物通过食用植物来维生，食肉动物通过捕食这些食草动物，其实也算是从太阳那里吸取了能量。这大型的生命循环（水循环、碳循环、氮循环等）一般被称为地球的生态系统。生态系统其实也能以地域为单位来区分。

生态系统是一个十分复杂的课题，如果人类刻意去灭绝一个物种（或是增殖一个物种），其能带来的影响，是人类的智力所无法预见的。第二次世界大战后，日本鼓励种植杉树的先人们想必也无法预见到它会引起花粉症吧。正因生态系统是如此复杂难料，我们更应该在岁月长河中尽量维持绝妙平衡的生物多样性，并尽量在交易与生态系统这两者之间找到平衡。

仅靠照射至地球的太阳能就能使所有生物共存的世界是可持续发展的。可是，纵观人类的历史就可发现，其实地球储存下来的能量，早就被人类拿来填补欲壑了。石油与煤炭这类化石资源被拿来产生能量就是很好的例子。地下资源的数量是有限的，是不可持续发展的。全球气候变暖的问题也与生态系统能否维持或持续发展息息相关。

从悠久的地球史的角度来看，人类的历史或是文明只不过是瞬间的闪光，甚至可能只是地表上附着的一块霉斑而已。如果将地球生命的历史压缩为一年，那么人类只不过是12月31日才出现的动物而已。我们对待历史应该保持谦卑。虽然人类的历史或文明，就如前文所描述的那样，只不过是一块显眼的霉斑而已，但同样也是充满故事，又极其有趣的存在。

家畜的驯化

人类在很长一段时期内都过着狩猎采集的生活。普遍观点认为，人类为了获取更多的猎物，从非洲撒哈拉的草原故乡北上，经由红海与阿拉伯半岛，再沿着亚洲的海岸线移动，

生命史年表：从生命的萌芽到现代人类的诞生，将过程压缩为 1 年

			地质年代
1月1日	海洋与共同祖先（LUCA）出现	40 亿年前	冥古宙
2月15日	原核生物出现	35 亿年前	
4月29日	光养生物出现	27 亿年前	太古宙
6月23日	真核生物出现	19 亿年前	元古宙
9月30日	多细胞生物出现	10 亿年前	
11月11日	硬骨骼生物出现（阿瓦隆爆发）	6 亿年前	
11月14日	生物种类爆发性增长（寒武纪大爆发）	5.41 亿年前	古生代
11月18日	鱼类出现	5 亿年前	
11月20日	植物开始往陆地繁殖		
11月21日	第一次生物大灭绝		
11月24日	节肢类与地上植物出现		
11月25日	四足动物化石		
11月27日	第二次生物大灭绝	4 亿年前	
11月29日	昆虫、两栖类、裸子植物出现 菊石纲出现		
12月3日	下孔类出现		
12月4日	爬行类出现，森林大型化		
12月9日	第三次生物大灭绝（二叠纪—三叠纪灭绝事件）	3 亿年前	
12月11日	哺乳类出现		中生代
12月13日	第四次生物大灭绝，恐龙出现		
12月18日	被子植物、鸟类、有袋类出现	2 亿年前	
12月26日	第五次生物大灭绝，灵长类出现	1 亿年前	
12月29日	类人猿出现		新生代
12月31日	人类出现，智人出现，现代		

又以此为起点向欧洲方面进行扩张。在上述的大迁徙中，营养价值较高的巨型动物逐渐被捕杀殆尽，因此对于想要继续生存发展的人类来说，开始农耕与畜牧可以说是必然的选择。

多数学者认为最早的农耕畜牧社会诞生于距今一万余年前的幼发拉底河流域中游的丘陵地带。英国的考古学家戈登·柴尔德将农耕的开始称为"新石器革命"。因为在这一时期，磨制石器的技术进入了高度发达的阶段。可以肯定的是，在被后世称为"新月沃地"的这一块西亚土地上，存在过一个规模庞大的狩猎采集民集团。

【新月沃地】

新月沃地最初由美国的近东学学者詹姆斯·亨利·布雷斯特德提出，用于指代美索不达米亚—叙利亚—巴勒斯坦—尼罗河流域这一块古代文明发祥地。不过，之后同国的罗伯特·J.布莱特伍德认为，环绕着美索不达米亚平原的扎格罗斯—亚美尼亚—黎巴嫩山脉带这一块诞生了最古老农耕文明的地带才符合"新月沃地"这一概念。

按照环境适应学说进行猜想，随着地球寒冷化（新仙女木期，约12800年至11500年前）的持续，这个狩猎采集民集团中发生了饥荒。也许是一次偶然，他们在近处发现了野生的大麦、小麦、豆子这些便于储存的一年生植物，由此开始了农耕。

随着农耕的开始，人们也逐渐适应了定居生活，驯化牛羊作为家畜饲养也不过是早晚的事了。不过，马的家畜化相对较晚，大约在距今6000年前。农耕与畜牧的开始，一般被称为驯化（domestication）。通过驯化这一技术，人类完成了几乎可以称为脱胎换骨的进化。

学会驯化之前的人类顺应着自然的变化维生，而驯化技术的出现使得人类产生了支配自然的想法。通过农耕，人类支配了植物；通过畜牧，又支配了动物；通过冶炼，则支配了矿物。人类没有止步于此，而是试图更进一步地支配自然。

接着，作为连接自然与人类的桥梁，土偶与仪式被创造了出来，在这之后神明们也诞生了。最古老的土偶可以追溯到9000年前。人类的大脑没有止境地向各个领域发展。而这一切都始于驯化，说它是仅次于发明语言的精神革命也不为过。就这样，人类的历史完成了由狩猎采集经济到生产经济的转变。

人类的食物由人类自己生产，而不是依托自然。人口的增长又使得人们获得了多余的时间。为了消磨这些空闲时光，社会与政治活动也随之诞生了。下文叙述的寄生阶级就是这些消磨时间的人。

根据最近的研究调查，新仙女木期与农耕的开始之间存在1000年左右的时间滞后。由此诞生了两种假说。一种是以文化人类学为依据，认为权势者为了使追随者不再出现饥荒而逐渐开始农耕。另一种则是以认知论为根据，认为是人类产生了支配自然的想法而开始了农耕与畜牧（这一假说同时也认为，神明几乎在同一时期就产生了）。位于安纳托利亚半岛南部的哥贝克力石阵（前10000—前8000）或许就是世界上最早的神殿的遗址。

农耕社会的开端

农耕畜牧社会使得有多余的食物能被保存下来，这些余粮成了财产，或是被用于交换。社会出现了贫富差异。生产力的发展催生出了不事生产的寄生阶级（国王、神官之类的统治者，或是商人），寄生阶级搬到了远离生产区域的地方居住，最初的城市便诞生了。

从事农耕最重要的技能就是通过观察准确地发现季节的变化。其中最有用的线索是太阳的运行轨迹。大部分农耕社会的信仰都是从太阳崇拜开始的。有认为日夜等长的春分是一年之始的文明，亦有将冬至视为太阳的诞生，以此作为一年之始。

曾在罗马帝国时期风靡一时的密特拉神的生日便是如此。太阳神密特拉与源自印度、伊朗的光明神有着密切联系，被基督教所吸收后，他的生日演变为了圣诞节。除此之外，还有以月亮的盈亏作为判断标准的方式。就这样，西亚地区发展出了太阴历与太阳历组合使用的历法。

早期的农耕社会普遍都是母系社会。对于刚刚定居开始农耕畜牧的人们来说，最重要的就是土地丰饶与家畜兴旺。当时的人们将这些与女性的丰饶力（是否多产）联系在一起，这就是大地母神崇拜的起点。西亚已经出土了数个距今约8000年的土偶，被认为是在描绘女性生产。它们可能是诸如安纳托利亚的地母神库伯勒的原型。

作为世界上最古老的文明，苏美尔的神系中象征丰饶的女神有宁胡尔萨格、宁古拉、宁马赫、宁安娜（伊南娜）等数位，每一位的名字中都带有"宁"（女性生殖器）。此外，当时的社会并非严格的一夫一妻制，想确定孩子的生父尤为困难，因此母系社会是十分合理的。

问题来了，那么社会是从什么时候开始向父系社会发展的呢？很可能与初期国家的形成是同步的。归根结底，国家就是将社会上的物理力量——即暴力——独占的机构。人类的男性与女性相比，身体的力量优势是十分明显的。那么，一个国家中，即使祭祀者由女性担当，维持治安与秩序也肯定是由具备生理优势的男性负责。父系社会就是从这里开始的。

此外，希腊人与雅利安人等一部分游牧民族有着较强的男尊女卑倾向，这是因为相较于定居民族，他们遭遇危险的概率更高。但是，匈奴之后的欧亚大陆北方游牧民族中，并不存在明显的男尊女卑现象。因此这两者之间不可简单地画上等号。

回到最初的话题，在西亚诞生的农耕畜牧文化，也是如同当年的大迁徙一样扩散到全世界的吗？就目前的研究来看，似乎并非如此。与西亚相比，东亚与新大陆只是晚了一会儿，或是几乎同时独自出现了农耕与畜牧。

通过驯化技术到达了发展新阶段的人类社会，在这之后的5000年漫长岁月中，逐渐分化为游牧社会与农耕社会。在美索不达米亚南部，伴随着犁的发明，农村出现了，与之相对的美索不达米亚北部的辽阔草原上，当地的人们学会了骑马这一技能，开始逐渐演变为游牧集团。

文字的出现

本书将人类历史的开始简单定义为"开始使用文字"。如果从壁画算起，西班牙的阿尔塔米拉洞窟与法国拉斯科洞窟的壁画都是15000年前的产物。如果从作为炊具的陶器算起，则是东亚地区领先。以中国的陶器与日本的绳文陶器为代表，有几个在东亚出土的陶器甚至最早能追溯到20000年前。巨石纪念碑的话，则有公元前5000年前即存在的（例如英国巨石阵与法国布列塔尼地区的卡纳克巨石阵），只是世界各地都有同时期出现的产物，导致无法特定。

而文字的发明则不同，公元前4000年的后半期，在底格里斯河与幼发拉底河下游的美索不达米亚（希腊语，意为两川之间，出自公元前200年的希腊人波利比乌斯《通史》一书）地区建立了城邦的苏美尔人，发明了最早的文字。他们已经能够制造青铜器（公元前6000年，西亚出现了青铜器）。同时，出于交易便利性的考虑，他们用黏土制作陶筹（直径约1厘米，有各种形状，用于钱财的计算），并将它们用于计算或是生意上的记账。

这些陶筹像钱财一样，被存放在中空的黏土球中。陶筹分为朴素陶筹与复杂陶筹，约公元前3500年，苏美尔城邦的陶筹上出现了刻痕或凹陷，来指代各种各样的财物。这慢慢演变为了楔形文字。这就是美国学者丹尼丝·施曼特-贝瑟拉所提出的陶筹理论。人类进入农耕社会已经5000年了。

复杂陶筹(图源:www.maa.org)

苏美尔人起源于何处,至今无法确认。根据他们发明的楔形文字所记载的传说来看,他们很可能是从海上移居过去的民族,也可能是从印度迁徙进入美索不达米亚地区。现在可以确认的是,约公元前5500年开始,苏美尔人逐渐征服了利用幼发拉底河进行灌溉农业并构筑了高度文明的欧贝德人。

苏美尔人以欧贝德人的村落与城镇为据点,完成了城邦化。在大约公元前3400年,乌鲁克的苏美尔人率先使用芦苇或金属制成的书写工具在黏土板上刻下了最早的楔形文字。交易的记录也更加清晰准确。

楔形文字最初是表意文字,但是在200~300年后变为了表音文字。因此,其他迁入美索不达米亚的部族(如阿卡德人、胡里安人、赫梯人、乌拉尔图人)也开始用楔形文字记录自己的语言,就这样,楔形文字在新月沃地被断断续续使用了约3000年。

楔形文字

公元1847年,英国的近东学家罗林森(1810—1895)成功地通过解读贝希斯敦铭文(由古波斯文、埃兰文、阿卡德文三种文字写成的大流士一世的即位宣言)完成了对楔形文字的破译。

我们经常使用的"四大文明"这个词,它所指代的美索不达米亚文明、古埃及文明、印度河文明、黄河文明,每一个都是在大河流域内发祥的。之前的观点普遍认为这四个文明主要是各自发展。但是近来,重视各文明间交易与交流的观点被大量采纳。与远古时期的人类大迁徙相比,5000年前在欧亚大陆进行频繁的贸易对人类来说不算难事。

特别是美索不达米亚文明、古埃及文明、印度河文明这三个文明之间,通过海陆交通,有着相当密切的接触。这个现象如今越来越被证实是正确的。就连距离较远的黄河文明的青铜器、两轮战车、小麦，现在也被认为是从美索不达米亚地区经由中亚传入的。

与楔形文字几乎同一时间（公元前3500年）出现的古埃及圣书体（象形文字），虽然传说是长有鹭鸶头的智慧神托特所创造的，但也有观点认为，象形文字借鉴了楔形文字。古埃及使用莎草纸代替了黏土板作为书写材料。

圣书体虽然被用于雕刻石碑与石棺，但是它过于复杂，于是神官们开始使用更简略的方法进行书写，这被称为僧侣体。僧侣体进一步简化，成为了民众们使用的世俗体。埃及象形文字破解的契机是商博良（1790—1832）破译了拿破仑远征埃及带回来的罗塞塔石碑（由圣书体、世俗体、古希腊文所写的托勒密五世的即位记录）。古印度文字（至今发现了约400字）留存下来的长篇文章数量稀少，至今没有破解成功。

汉字的原型甲骨文被誉为人类创造的最美文字。甲骨文比起楔形文字晚了约2000年，于公元前14至前13世纪出现。与楔形文字或圣书体由表意文字向表音文字转化不同，汉字一直保留着表意文字的特性。

总之，文字的发明，足以称得上是人类史上的第一次信息革命。也有学者认为语言的出现才是第一次信息革命，那么对他们来说，文字的发明是第二次信息革命。正是文字的出现，使各种各样的记录被传承至今，狭义上的人类历史由此开始。本书将以公元前3000年为起点，开始我们的世界史之旅。

第二章

第一个千年的世界

（公元前3000年—公元前2001年）

文字诞生最初的 1000 年中，新月沃地占据着世界上过半的生产总值。这一时期的主角分别是引发希腊人无限遐想的苏美尔城邦、安定的埃及和清洁的印度河文明。人们常说近东之光照耀四方，近东（orient）一词由拉丁语中代表太阳升起方向的单词派生而来（与之相对的是西洋，occident），这其中也包括着文明是从苏美尔或埃及等东方世界开始的含义。

世界上最古老的文明苏美尔

　　公元前 4000 年后半至末期这一时间段内，位于美索不达米亚（在这之后，北部被称为亚述地区，南部被称为巴比伦尼亚，巴比伦尼亚后来又被分为两个部分，北部是阿卡德地区，南部是苏美尔地区）的底格里斯河与幼发拉底河入海口附近的苏美尔地区，出现了拥有文字、金属器物、社会分工等大量文明要素的苏美尔城邦。

　　其中较为重要的城邦有乌鲁克（Uruk）、乌尔（Ur）、基什（Kish）、西帕尔（Sippar）、尼普尔（Nippur）、拉格什（Lagash）、温玛（Umma）。凭借着优秀的灌溉技术，苏美尔人的小麦产量达到了令人惊叹的水准。一部分学者认为，至今没有国家能在人均小麦产量上超越苏美尔人。

此外，苏美尔地区的贸易活动也十分繁荣，诞生了专门从事商业活动的商人阶级。苏美尔地区没有木材与矿产资源，因此必须从阿拉伯半岛的阿曼或伊朗高原进口。簿记与计算能力也变得越发重要，同时也促使文字与数字被发明出来。通过农业与商业积攒下来的财富，苏美尔人脱离了自然的束缚，开始在远离生产区域的地方建造城市。城市，一般被视为文明的象征之一。

城市中居住着王族、神官、商人等寄生阶级。城市由土坯建成的城墙守护。神殿建造于城市中央，神殿的地基下填充了奠基物。每一个城邦都有着各自的守护神，其中以事实上的最高神——恩利尔为守护神的尼普尔在宗教地位上尤为特殊。苏美尔人认为众神会乘坐圣船前往尼普尔朝拜恩利尔，所以每一个称霸苏美尔地区的城邦尤其重视对尼普尔的控制力，以确保自身的权威。

苏美尔各城邦的国王同时也是宗教领袖。乌尔的王室墓地中发现存有活人祭祀的痕迹。苏美尔人会在春分之日（他们的新年）举办盛大的祭典，其中还包括着圣婚仪式（国王与女神举办婚礼）。这种新年祭典被袄教继承，演变成了伊朗的诺鲁兹节。苏美尔人的神殿大多都建成金字塔形。

苏美尔人的起源是什么，至今无法确认（似乎既不属于亚非语系的闪族，又不属于含族）。不过毫无疑问的是苏美尔人在冶炼技术、天文、历法（太阴历，一年十二月，一周七天）、拱形建筑、车轮、帆船、犁、陶轮、葡萄酒、啤酒、印章、学校、六十进制、簿记、解梦、占星术、供神等各方面都是先驱，为旧大陆的文明打下了基础。埃及人最先学习吸收了这些发明创造。

苏美尔城邦之间为了争夺霸权而相互对立、征战。最先进地区处于频繁战乱这一时代背景，也许一定程度上促进了埃及地区的统一。描绘着埃及第一位国王的纳尔迈调色板上就有着起源于美索不达米亚的龙（木什胡什），由此可见苏美尔文明对埃及地区具有强大的影响力。顺带一提，苏美尔人与埃及文明最早的接触可能是经由海路（从波斯湾出发，在阿拉伯半岛转航，到红海）而非陆路。

纳尔迈调色板
（右图上绘有两条木什胡什）

接下来简单介绍一下苏美尔神系。虽然苏美尔诸神的至高神理论上是天空神安（美索不达米亚地区最早的通用语阿卡德语称他为阿努，下文括号内皆为阿卡德语名），但是实际上大气神恩利尔（阿卡德语名同此）的神话传说更丰富，也更有知名度。恩利尔后来取代了安，成为了至高神。还有以黏土造人的神话而闻名的恩基（埃亚），他掌管深渊阿勃祖（阿普苏）以及水，代表着智慧，他同时还掌控着名为"麦"的世界规律。这三个神之间可能存在过"恩基—安—恩利尔"这种顺序的神位交替。

其他著名的神还有：身兼爱与丰收的女神、女战神、金星神、美神的伊南娜（伊什塔尔），恩利尔之子、月神南纳·祖恩（欣），南纳·祖恩之子、太阳神乌图（沙马什），大地母神宁胡尔萨格（阿卡德语名同此），使用着棍棒之神沙鲁尔杖的丰收与战争之神宁吉尔苏（尼努尔塔），以及冥界女王埃列什基伽勒（阿卡德语名同此），谷物女神尼萨巴（阿卡德语名同此）等。众神同时也是各城邦的守护神，例如伊南娜之于乌鲁克，南纳·祖恩之于乌尔，乌图之于西帕尔。

苏美尔神话中，相传名为"祺"的大地之下有着深渊阿勃祖，在他的西面则是冥界库尔。在库尔的边境处，有一条被称为食人之河的河流，需要依靠摆渡人才可通过。希腊神话中，把守冥河的船夫卡戎就是以此为原型而被创造出来的。还有恩利尔因为人类数量越来越多而烦躁不已，计划引发大洪水来灭绝人类，乌特纳庇什提牟（朱苏德拉）听从了恩基的忠告，建造了方舟逃过一劫的故事。这为诺亚方舟提供了灵感。

除此之外，还有伊南娜下冥界的神话故事。它讲述了作为伊南娜返回地上世界的代价，伊南娜的丈夫、牧人神杜木兹（阿拉姆语为塔木兹）被杀死的故事。这个故事流传了很长一段时间，衍生出了阿芙洛狄忒与阿多尼斯的故事。与北方的阿拉塔交战的苏美尔王恩美尔卡及其幼子卢加尔班达王子得到了灵鸟安祖帮助的史诗，还有宁吉尔苏击杀了七头蛇等十一个强者或是猛兽之类歌颂神明伟大的故事，也广为人知。

埃及文明

正如旅行历史学家希罗多德所言，埃及文明的存在本身就是"尼罗河的恩赐"——虽然现在已经证实，希罗多德大量照搬了他的前辈赫卡塔埃乌斯《指南》中的埃及篇，这其中也包括了这个词语。尼罗河的定期泛滥，会将上流肥沃的土壤冲到埃及（七月中旬至十月中旬）。与周边地势开阔的美索不达米亚相比，埃及是集中于尼罗河沿岸、相对孤立的地域。在这里，分布着众多属于亚非语系的含米特人村落（诺姆）。尼罗河上游（上埃及）与尼罗河下游（下埃及）的居民构成有着极大的差异。上埃及与努比亚（如今的苏丹）相接壤，这里非裔居多，下埃及的居民则与地中海民族关系更深。

希罗多德

埃及的托勒密王朝第二位国王托勒密二世统治时期，神官曼涅托进呈了基于古文书的由希腊语写成的《埃及史》。根据这本书的记载，在约公元前40世纪末，传说中的国王美尼斯首次统一了上下埃及，开创了第一王朝。

曼涅托虽然记述了第一王朝到第三十一王朝，但是并不是根据国王的血统来分段的，再加上《埃及史》本身已经散佚，因此王朝分段的依据也成了一个谜。美尼斯被认为可能与考古资料中的第一王朝（前3000—前2828）开创者纳尔迈或其继承者荷尔-阿哈（都城孟斐斯的建造者）是同一个人。

初期埃及的支配者也被称为"强壮的公牛"。公元前40世纪开始，上埃及的奈加代文化兴起（以奈加代与希拉孔波利斯为中心）。希拉孔波利斯崇拜的是隼头神荷鲁斯，其神庙可以追溯至公元前3500年（奈加代所崇拜的则是土豚神赛特）。社会的阶级化尚在进行时，被视为荷尔斯化身的上埃及王达成了埃及的统一。

埃及与美索不达米亚不同，只需要在尼罗河几处险要之地配置少量守军就可以掌控全国。而且，利用潺潺的尼罗河将余粮通过船运集中到一处保管也十分便利。流经努比亚的尼罗河起源于阿斯旺南部的第一瀑布，止于距努比亚主城喀土穆200千米处的第六瀑布。与努比亚的六个瀑布区不同，流经埃及的尼罗河几乎没有海拔上的落差，船只航行起来十分容易。这样的地理情况也使得埃及比苏美尔更早地出现了统一的中央集权国家。

第一王朝的国王们出于国土安全或是独占贸易的考虑，致力于远征努比亚以及巩固巴勒斯坦地区的边境防御，同时为了强化财政基础，开始施行人口普查并征收税金，并且为了强化王权，将包括荷鲁斯与上下埃及的守护女神（秃鹫神涅赫贝特与眼镜蛇神瓦吉特）等神明加入了国王的称号中。埃及的二重王冠由代表着上埃及的白冠与代表着下埃及的红冠组合而成。这一时期，出现了以天狼星为基准的恒星历，这也是儒略历的源头。

埃及古王国与金字塔的建造

石材资源丰富的埃及利用积攒下来的财富开始建造金字塔（王陵）这种巨大的建筑。第三王朝的第二位国王左赛尔，在重臣伊姆霍特普（建筑家、天文学家，后来被尊为医学之神）的帮助下，在约公元前2560年，于塞加拉建成了第一座阶梯式金字塔（马斯塔巴，葬祭设施的复合体）。

第三王朝到第六王朝的500年左右的时间，一般被称为埃及古王国时代（前2681—前2191）。它们的首都一直位于下埃及的孟斐斯。建造了吉萨三大金字塔的第四王朝被认为是古王国时代的鼎盛期。第四王朝的第一代国王斯尼夫鲁就建造过许多金字塔（位于美杜姆的美杜姆金字塔以及位于代赫舒尔的曲折金字塔和红金字塔）。

而第二位国王胡夫的吉萨第一大金字塔（前2560）至今都是世界上最大的石结构建筑物。大斯芬克斯石像也被认为是同一时期建造的。第四位国王卡夫拉与第六位国王孟卡拉的第二、第三大金字塔与胡夫的第一大金字塔相比较，已经能看出制石工艺的退步趋势。

建造金字塔需要庞大的人力（25000～30000人交替进行，其间的衣食住由国家负担，而当时埃及的人口估计为160万人）。这有时也被认为是人类史上最早的公共事业。如果确实如此的话，那么甚至可以认为这是凯恩斯有效需求理论的提前出现。金字塔的石材上还会注明它的产地（地理名词出现的开始）。

在胡夫统治时期，国王本身就代表着绝对神。但是在这之后，对太阳神拉（赫利奥波利斯的神，从第四王朝开始与王权挂钩）的崇拜变为主流。第五王朝之后，开始大规模出现用于供奉拉的太阳神殿。与之相对的则是金字塔开始越来越小型化。最终，国王反而被认为是拉的化身。值得一提的是，大约从第五王朝开始，奥西里斯神（起源不明）逐渐登上舞台，并且被认为是荷鲁斯之父。

在古王国时代，尼罗河丈量仪（用于水位测量）已经建造完成，天文学也非常先进。完成于第五王朝的王名表（巴勒莫石碑）是现存最古老的王名表。第五王朝时，在此之前仅限王族担任的高位向贵族开放，这导致了权力的分散（属州的州侯变成了世袭制）与官僚机构的臃肿。终于，第六王朝受到了将在后文讲述的自然环境恶化的影响，古王朝时代落下了帷幕。

落合淳思提出了一个关于埃及金字塔建造的思想实验（参考【表1】）。假设一个人赖以维生所需要的农业产值为

100%，由于支配者（假设他们占人口的20%）不事生产，那么农民就必须产出125%的农业产值（100÷0.8=125）。同时，假设支配者征收的税收是他们所需的25%的双倍，即50%，那么农民自己就只剩下75%，根本不足以维持生存。

与之相对的，支配者坐拥着两倍于生存需要的粮食。于是，支配者征调农民（假设他们占总人口的20%）参与建造金字塔，作为报酬，把自己富余的粮食给他们。因为公共事业都是在农闲时节进行的，那么那些未被征调的农民将从事衣物、农具或是日用品的生产。而被征调的农民则可以用参与工程得来的粮食去交换这些物品。

就这样，每个人都得到了自身生存所需的100%粮食。在这个思想实验下，支配者无需任何额外付出，依靠征税权与动员权带来的劳动力以及再分配，就得到了金字塔。同时，被征调的农民也获得了比未被征调的农民更多的实际利益（通过交易获得的物品为个人所得）。这个系统构造可以被认为是古代公共事业的本质。

【表1】金字塔建造的思想实验

	农业生产	税收（50%）	公共事业	交易	所得物
支配者（20%）	无	200%	无	100%	金字塔
征调农民（20%）	125%	75%	175%	100%	交易所得物
其他农民（60%）	125%	75%	75%	100%	无

（落合淳思）

印度河文明

　　苏美尔文明正处在繁荣期，古埃及也忙于建造大金字塔，与此大约同一时期（公元前2600年），印度河流域开始大规模地出现城邦的踪迹。这其中以摩亨佐达罗、哈拉帕、朵拉维那、甘瓦里瓦拉、拉吉加西这五大城邦最为著名。古印度文字虽然已经出土了约400字，但是雕刻在诸如印章（多为独角兽纹样）上的短文仍未被解读。因此，建立起印度河文明的究竟是怎样一群人，这仍然是一个谜。

　　关于印度河文明的起源，有以下数种说法：一，从地中海地区迁徙而来的达罗毗荼人建立的文明；二，被苏美尔人逐出美索不达米亚地区的欧贝德人在印度河流域重建了自己的文明；三，为美索不达米亚地区提供木材、石材、金属的埃兰文明群体自立后建立的文明。不论哪一个说法，都与美索不达米亚地区有很大的关联。

　　印度河文明的特点，是因使用了大量泥砖而显得井然有序的城市规划。比如摩亨佐达罗就有着用制式砖块建造而成的边长为1000米的四方形城墙。它的中心有设置了排水管道的道路，还配备有大浴场、谷仓等公共设施，房屋也都是由泥砖建造而成的。它很可能拥有当时最先进的卫生设施。

　　印度河文明广泛分布于旁遮普到古吉拉特这一区域——它们的度量衡是统一的。印度河文明的人民很可能将印度河当作高速公路使用，城邦的统治者也兼任宗教领袖。印度河文明存在地母神崇拜与生殖器崇拜（湿婆神的林伽崇拜的源头）。农业、商业以及与苏美尔文明之间的贸易是该文明的经济基础。他们也有青铜器，但是在日常生活中将青铜器与石器混合使用。

恒河（Ganges）和林伽（男性生殖器，lingam）这两个词都属于南亚语系。由此可以推测，在印度次大陆可能曾经居住着大量的南亚人种。佛教最古老的经典中将父母称为母父，从中可以看出当时处于母系社会。

与之相对的，后来征服了印度的雅利安人将父母称为两位父亲，体现出了极端的父系社会倾向。雅利安人将河川称为身毒。渐渐地，身毒就被用来特指雅利安人渡过的印度河，波斯人将身毒（Sindhu）转为波斯语，变成了印度（Hindu）。印度就渐渐成了特指印度次大陆或是居住印度者的词汇。最终，希腊人将 Hindu 转写为了 India，印度的英文名就诞生于此。

美索不达米亚地区的统一与埃及的再统一

公元前 2350 年，乌鲁克国王卢加尔扎克西统一了城邦林立的美索不达米亚地区（他自称统治了下海至上海①），并在之后维持了大约 20 年的统治。但是，卢加尔扎克西最终

---

① 即从波斯湾到地中海。

被从北方而来的阿卡德人（闪米特部族）的王萨尔贡（前2334—前2279年在位）击败。

萨尔贡将自己的女儿安海度亚娜公主派往乌尔出任大祭司，以此来威慑苏美尔人。同时，他还将势力扩张至两河流域的中上游区域。在东方，他还成功征服了埃兰人（以苏萨为中心，占据了现今伊朗的西部地区，可能属于达罗毗荼语系），成功建立了美索不达米亚地区第一个统一国家——阿卡德帝国（前2334—前2193）。阿卡德语也成了世界上第一门通用语。

【帝国】

帝国的定义十分复杂且没有统一的规定。本书按照惯例，将包含了多种民族的政权称为帝国。帝国的领袖也依照惯例，使用秦始皇或奥古斯都登基之后出现的"皇帝"一词。多种民族共存的美索不达米亚社会，经历过帝国时代之后必然会向全球性（世界性）的社会迈进。

关于萨尔贡有个传说：他是神官女儿所生的私生子，被放在芦苇编成的笼子里，遗弃在幼发拉底河（后来被居鲁士大帝和摩西传说所引用，是弃儿传说的原型）。在萨尔贡的"皇家动物园"中，传说甚至有印度进贡的水牛。阿卡德帝国的首都阿卡德城至今尚未被发现。

在第四位王、萨尔贡之孙纳拉姆辛（前2254—前2218年在位）统治时期，

萨尔贡

阿卡德帝国成为了囊括地中海（上海）地区、西起小亚细亚、东至波斯湾（下海）及其沿岸阿拉伯半岛的大帝国。纳拉姆辛自称四界之王，他也是人类史上第一个在生前就自封为神①的君王。

可是，在公元前2193年，阿卡德帝国建国的第140年，从扎格罗斯山脉蜂拥而至的古提人入侵并毁灭了阿卡德帝国。在这之后，古提人维持了大概80年的统治。这一时期可以说是苏美尔文明的黑暗时期，同时也是一个混乱的时代。不过，大多数学者认为，混乱的主因并非古提人，而是各城邦之间重燃的战火。

巧合的是，几乎就在同一时期（气候发生了剧烈变化，可能从公元前2180年开始，尼罗河出现了持续50年左右的泛滥期水位过低的现象），埃及的古王国时代也迎来了终结。埃及进入了持续近150年的内乱期（即第一中间期，从第七到第十王朝，前2191—前2040）。征战不休的乱世中，对王权的观念也从追求神圣之王向能够更好引领人民的牧者王转变。

同时，只有王或者王妃才能在来世复活的这一思想，也被只要通过了奥西里斯神的审判即可复活的思想所取代。就这样，原本只能铭刻在金字塔中的葬仪咒文也开始作为贵族或地方豪族的棺材铭文来使用。在这个混乱的时代中，通往来世的葬仪更加平民化了。

---

① "辛"即意为神。

埃及中王国时代（第十一、十二王朝，前2040—前1794）的开创者是上埃及底比斯的统治者孟图霍特普二世（前2046—前1995年在位），他结束了内乱，完成了埃及的再统一。他迁都至底比斯，底比斯的守护神阿蒙神信仰渐渐强大。最终，阿蒙神将太阳神拉吸收，阿蒙与拉被视为同一神。

同时，埃及在这一时期正式进入了青铜时代。这一时期的王朝开始设立官僚学院，也对周边地区进行军事扩张，同时在全国范围内维护、建造神殿，致力于恢复衰退的王权。

苏美尔文明复兴期

此时的美索不达米亚地区，苏美尔人逐渐恢复了势力。阿卡德帝国末期至乌尔第三王朝初创期，率先掌握霸权的城邦是拉格什。以大量雕像而闻名的古地亚王（前2144—约前2114年在位）正处于这一时期。在这之后，乌尔纳姆（前2112—前2095年在位）建立了美索不达米亚地区第二个统一国家——乌尔第三王朝（前2112—前2004）。这一时期被称为苏美尔文明复兴期。

这一时期的苏美尔文明可以说是达到了巅峰。世界上最古老的成文法《乌尔

乌尔纳姆

纳姆法典》（它并不提倡"以眼还眼"的同态复仇，例如它规定犯了伤害罪的人要缴付一定数额的罚金）和苏美尔王表都在这一时期问世。王权也进一步神格化，根据苏美尔王表记载，苏美尔王权是从天而降的，以埃利都为首的五个城邦在经历了神话时代的繁荣后毁于大洪水，进入了历史时代。世界上最早的文学作品《吉尔伽美什史诗》以及最古老的开天辟地神话《埃努玛·埃利什》的雏形也被认为是在这一时期出现的。

【《吉尔伽美什史诗》与《埃努玛·埃利什》】

《吉尔伽美什史诗》描写了传说中的乌鲁克城邦的王吉尔伽美什（也可能是公元前 2600 年左右真实存在的王）四处冒险的故事。吉尔伽美什与他的挚友恩奇都合力击杀了守护着雪松之林的胡瓦瓦（亚述语为芬巴巴），这也是后来各地都有流传的英雄屠龙传说的原型。吉尔伽美什后来拒绝了爱神伊南娜的求爱，作为报复，伊南娜派出了天牛古伽兰那袭击乌鲁克，不过最终天牛还是被吉尔伽美什和恩奇都合力击杀了。然而，作为惩罚，恩奇都遭受了神罚，不久后就死了。吉尔伽美什因此渴求不死，他出发去寻找在大洪水中活下来的乌特纳庇什提牟，但是吉尔伽美什最终也没有获得永生。

有人认为这个结局完美体现了苏美尔人的心性，即所谓的现世主义与享乐主义。目前，日本将月本昭男先生翻译的《吉尔伽美什史诗》（岩波书店出版）视为范本。使宁吉尔苏犹豫不决的吉尔伽美什很可能是腓尼基城邦泰尔的守护神美刻尔以及希腊神话中的赫拉克勒斯的原型。

《埃努玛·埃利什》是在巴比伦时期（公元前 12 世纪，加喜特人的时代）完成的开天辟地神话。最初的男女配偶神阿勃祖（淡水）和提亚马特（海水）因为自己的后代神们的吵闹而愤怒不已，试图毁灭所有的神。智慧神埃亚反而杀死了阿勃祖，生下了长子马尔杜克（亚述神话中称他为阿舒尔）。马尔杜克又杀死了统领着十一个合成兽军团并试图复仇的提亚马特，然后从提亚马特的尸体中创造了天地。

同时，美索不达米亚地区之王的责任也随着乌尔第三王朝王权的神圣化而发生了变化。王不仅保有着维持国防安全、农业安定、社会稳定等责任，原先属于神的维持社会正义也被加入其中。正是这一现象促使了法典的出现。

苏美尔人有着一个包容弱者与残疾人的社会。苏美尔人认为，人是由众神用黏土创造出来的。为了创造出足够多的人，神根本无暇休息，因此通过饮酒来驱散疲劳。而神喝醉时创造出来的人就是残疾人。残疾人的出现是神的责任，因此他们很轻松地就能获得神殿内的工作，融入苏美尔人的社会。从这可以看出，将残疾人从社会中隔绝出来并不是自古以来就存在的观念。

乌尔第三王朝在乌尔纳姆之子舒尔吉的治下达到鼎盛。舒尔吉是一位文武双全、富有政治才能的君王，他以自己在书记官学院学习时的经历为荣。舒尔吉能够熟练使用五门语言，他整顿了官僚体系，在北方修建了防守城墙（苏美尔人的长城）。但是，乌尔第三王朝在舒尔吉去世后很快就显露出衰败的迹象。

最终，乌尔第三王朝的社会逐渐被亚摩利人渗透，再度强盛的古埃兰王国也卷土重来。在这样的内忧外患中，苏美尔人为期百余年的复兴期结束了。苏美尔城邦中的金字塔形神庙却俘获了埃兰人的心。世界遗产乔加·赞比尔遗址中的现存规模最大的金字塔形神庙正是在公元前13世纪的埃兰人王朝时建造的。

与埃及不同，美索不达米亚地区集中物资所需的成本要高昂得多，同时各城邦独自的地域意识也很强，再加上周边开阔平坦，城邦又十分富庶，经常会遭受周边民族的侵扰，所以很难出现一个长期安定的统一国家。

乌尔第三王朝灭亡后，位于北部的亚摩利人建立的伊辛王国（前2017—前1794）最先崛起，不过南部的拉尔萨王国也迅速发展了起来。美索不达米亚地区进入了持续250年左右的"南北朝"时代。这一时期，除了伊辛王国与拉尔萨王国这两强，还有众多小国存在。

建立了世界上最古老文明的苏美尔人就在这样的混乱中突然消失了。因为水分蒸发导致土壤盐分增加，苏美尔地区的这片土地逐渐被舍弃了。美索不达米亚地区的中心开始向上游地区转移，亚摩利人的时代开始了。

第一个千年末期的世界（公元前2001年前后）

受到美索不达米亚文明和埃及文明的影响，以爱琴海中的基克拉泽斯群岛为中心，东地中海地区也进入了青铜器时代。基克拉泽斯群岛的白色石像十分出名。约公元前2000年，海洋民族克里特人开始在克诺索斯等地建造豪华的宫殿（克里特文明）。英国的亚瑟·埃文斯（1851—1941）发掘了克诺索斯宫殿。现在占据主流的说法认为，克诺索斯宫殿是死者的宫殿（汉斯·格奥尔格·温德利希《居住着死者的迷宫》）。

克诺索斯宫殿

克里特文明具有代表性的迷宫（希罗多德将第十二王朝的阿蒙涅姆赫特三世的哈瓦拉金字塔葬祭殿称为迷宫）或是壁画（跳牛者），都有埃及中王国的影子。克里特文字（线形文字A）尚未被破译。

同样是在公元前2000年前后，欧亚大陆的东方也发生了变化。印度河文明开始逐渐衰落，而在更遥远东方的黄河中游流域（中原），同时持有自古以来象征权威的玉器以及优质青铜器的新城邦出现了（二里头文化）。现在普遍认为，二里头文化的时代就是《史记》中所写的中国最古老的王朝——夏朝，虽然并没有文字资料作为佐证。同一时期的遗迹中发现了最古老的面条。

位于欧亚大陆西半边的欧洲，巨石文化迎来了顶峰。根据推测，约在公元前2000年，英国的巨石阵，法国布列塔尼地区的卡纳克巨石阵等巨石建筑的建造到达了顶峰。根据最近的研究表明，英国巨石阵大约完工于公元前2600年至公元前2500年之间。

西方的巨石文化其实还有更古老的马耳他岛巨石殿（约公元前3600年）或是纽格兰奇墓（爱尔兰的大金字塔，约公元前3000年）存在，不过因为并没有文字留存，所以无法深入地去解密。假设这之中最古老的马耳他岛是巨石文化的发祥地，那么巨石文化大概率是通过海路传播出去的。这一文化的石头造型以及摆放位置很可能与天文祭祀有关。

还是在公元前2000年前后，欧亚大陆中部的草原地区上，印欧语系的游牧民族已经整装待发。他们将分成数批向南方移动，并进入印度、伊朗、欧洲。

第三章

第二个千年的世界

（公元前 2000 年—公元前 1001 年）

在第二个千年，喜克索斯人与米坦尼王国使用的两轮战车引发了一场军事革命，新月沃地出现了真正意义上的大国兴衰。埃及与赫梯之间的争霸就是其中的典型，围绕着这个地区的霸权，数个大国兴起又消失。同时，还出现过两次大规模部族移动（第一次是喜克索斯人，第二次是海上民族），它们影响了数个大国的命运。

关于这一时期的部族大移动以及文明消亡，近几年的研究认为与两次火山大喷发（公元前1628年，锡拉岛火山喷发；公元前1159年，冰岛海克拉火山喷发）有着密切的联系。气候的剧烈变化时常能引起人类的大规模迁徙，而古国之间并没有明确划分边界，因此大规模的迁徙会引起社会的混乱，甚至能导致一个文明的毁灭。

约公元前1200年，地中海一带出现了大规模的部族移动。这些群体被称为"海上民族"，他们直接导致了数个大国的衰落甚至灭亡，这使得新月沃地上出现了巨大的权力真空区域。这被称为"青铜时代晚期的崩溃"。密林中的数棵大树倒下了，阳光得以再次照射到地上，无数的草木就能开始生长。就像这种自然现象一样，填补了这一空白的是黎凡特地区（叙利亚、巴勒斯坦）的腓尼基人或是阿拉姆人、希伯来人的各个小国。同时，作为这一时期的新主角，黄河文明在欧亚大陆的东方登场了。

埃及中王国的霸权

第十二王朝是埃及中王国（前2040—前1782）的全盛期，有努比亚血统、平民出身的阿蒙涅姆赫特一世（前1976—前1947年在位）建立了这个王朝。他将首都从孟斐斯迁至伊特塔威，伊特塔威的遗址尚未被发现。

阿蒙涅姆赫特一世开创了将王子（构想了苏伊士运河的辛努赛尔特一世）加冕为共同统治者的政治体系，除此以外，他还对努比亚（以尼罗河第三瀑布南面的科尔玛为中心的库施王国）以及巴勒斯坦地区的游牧民发动了大规模的军事行动。

第五代国王辛努赛尔特三世（前1872—前1853年在位）是一位身高超过2米的征服者，他将下努比亚纳入了埃及的势力范围（他在位于阿布辛贝勒200千米外上游的赛姆纳建造了纪念碑，并以此作为埃及与库施王国的国界），同时还进行了最远到达小亚细亚的军师远征，东地中海也成了埃及的内海。他在希腊以塞索斯特利斯这个名字而闻名。他对内削弱了地方州侯的权力，并且禁止了州侯的世袭。

到了第六代国王阿蒙涅姆赫特三世（前1853—前1806

年在位），随着法尤姆洼地的开拓事业完成，中王国的经济取得了极大的发展，这个统治整个东地中海的大帝国迎来了鼎盛期。这一时期的埃及控制着西奈半岛的铜山与努比亚的金矿，商业活动也非常活跃。阿蒙涅姆赫特三世被认为是《伊利亚特》中率军支援特洛伊的埃塞俄比亚国王门农的原型。

其实，《伊利亚特》中希腊盟军的盟主阿伽门农名字的含义就是"伟大的门农"。臣服于埃及的克里特岛和黎凡特地区的东地中海国家每年都会派遣大量的使节团前往埃及。同时，像《辛奴亥的故事》（叙述了辛努赛尔特一世的高官辛奴亥的一生）之类的文学作品也是在这一时期成书的。

从第十一王朝开始的中王国时代持续了大约250年，在已证实的埃及第一位女王塞贝克涅弗鲁（前1798—前1794年在位）的统治后，第十二王朝灭亡了。但有些学说认为，古王国时代最后的王就是一位女王，名为尼托克里斯，如果这是事实的话，那么这两个王朝应该都是亡于子嗣的断绝。之后出现的第十三、十四王朝的国力持续衰退，因此第十二王朝的灭亡在埃及史上也被认为是第二中间期的开始。

埃及中王国时代结束后，克里特文明继承了埃及在东地中海的影响力，并在公元前1700至公元前1500年达到了全盛时期。克里特文明里最著名的王是米诺斯，因此也被称为米诺斯文明。米诺斯这个名字很有可能借鉴了埃及传说中的王——美尼斯，由此可以窥见埃及对克里特文明所产生的巨大的影响力。克里特文明与小亚细亚沿岸的特洛伊等文明被统称为爱琴文明。

古巴比伦王国统一美索不达米亚地区与喜克索斯人征服埃及

在美索不达米亚地区，与拉尔萨几乎同时建国的亚摩利人的国家巴比伦开始崛起，它依次吞并了古亚述王国（美索不达米亚地区北部），拉尔萨以及伊辛等强国，在第六任国王汉谟拉比的统治时期，完成了对美索不达米亚地区的武力统一。

汉谟拉比慷慨地给予士兵耕地、果园以及住房，以此为纽带成功强化了自己与军事力量的关联。美索不达米亚地区的第三个统一国家诞生了。因"以眼还眼，以牙还牙"这一同态复仇原则而闻名的《汉谟拉比法典》也是在这一时期编纂并公布的。它是世界上第四古老的法典，同时也是一部判例大全。

这部法典中已经有了关于对被害者的救济、医疗过失以及物品生产者的责任等条例的萌芽。内容上则更多地继承了苏美尔法。在汉谟拉比强力的中央集权统治下，首都巴比伦在艺术与文化方面也取得了长足发展。以天平为标准来确定质量的白银成为了流通货币。当时的巴比伦被认为也许能收获产量三十倍于稻米的大麦。这一地区的通用语阿卡德语被确定为官方语言,以阿卡德语为主的古巴比伦古典时代到来了。

汉谟拉比法典(卢浮宫藏)

巴比伦的城邦守护神马尔杜克的地位也水涨船高。巴比伦从此以后一直是美索不达米亚的文化中心。后世的人们常常将巴比伦比作希腊,将亚述比作罗马。

但是,相较于阿卡德帝国与乌尔第三王朝,古巴比伦对美索不达米亚的统一显得极为短暂,仅持续了20余年。汉谟拉比去世后不久,美索不达米亚再次陷入了分裂割据状态。

接下来稍微了解一下在古巴比伦古典时期确立的巴比伦神话体系吧。巴比伦神话体系继承了苏美尔神话，不过也出现了一些新的神格。天空神阿努（苏美尔名安，以下神名后的括号内皆为苏美尔名），大气与风暴神恩利尔（苏美尔名同此），对人类持有善意的深渊与水之主埃亚（恩基）这三位神明组成了世界的支柱（与苏美尔神话相同）。恩利尔之子、月神欣（南纳），欣之子、太阳神沙玛什（乌图）以及以狮子为象征的阿努之女、丰收神伊什塔尔（伊南娜），这三神则对应着苏美尔神话的三柱神。伊什塔尔是由苏美尔的爱神（以金星为主星）以及闪族的女战神结合而出的。

伊什塔尔的丈夫植物神塔木兹（杜木兹）死而复生的故事，正如前文所述，是希腊神话中阿多尼斯神话的原型。古代世界各处都有类似这样年轻英俊的男神与伟大的女神组合而构成的生与死的神话故事存在。例如安纳托利亚地区的阿提斯与库柏勒，迦南（巴勒斯坦地区）神话中的巴力与安奈，埃及神话中的欧西里斯与伊西斯等。

北部美索不达米亚的雷神阿达德成为了亚述的守护神，从属于亚述王国的迦南地区将他与丰收神巴力相结合，将他称为巴力·阿达德。其他诸如冥王内尔伽勒与他的妻子埃列什基伽勒以及巴比伦诸神马尔杜克也都是人们耳熟能详的。

巴比伦神话中，智慧与文字神纳布（与希腊神赫尔墨斯、埃及神托特对应）逐渐取代了他父亲马尔杜克的主神地位。巴比伦体系中的龙木什胡什（原本是苏美尔神话中的怒蛇，逐渐演变为了马尔杜克的从兽）与长有狮子头的灵鸟安兹以及飞天也都广为人知。

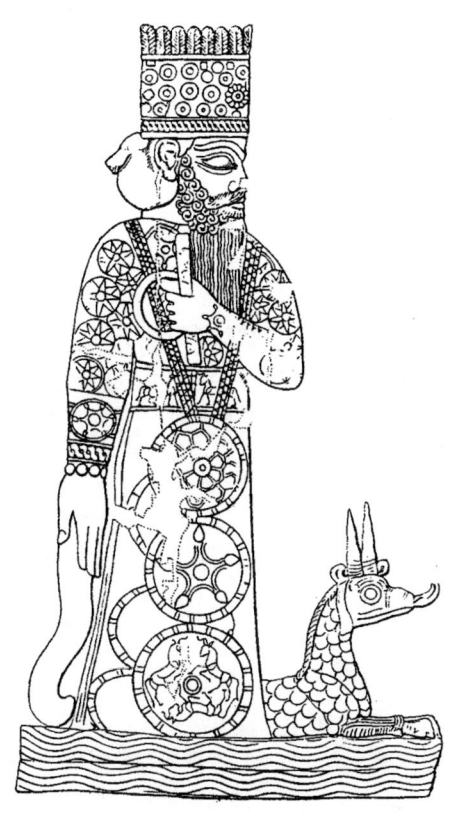

马尔杜克与木什胡什

纳布还被《星球大战》引用为一颗行星的名字。古代的神明们，直到现在也在游戏与电影方面给予我们各种灵感。

大约在汉谟拉比继承王位的时候，埃及中王国的国力持续衰弱，进入了持续 200 余年、被称为第二中间期（第十三或第十五王朝开始至第十七王朝，约前 1782—前 1540）的分裂年代。屈服于中王国权威的东地中海开始出现权力真空。不久之后，一个被称为喜克索斯（意为异国的统治者）人的闪族群体（也许是下文会提到的胡里安人与一些印欧语系民族的混合体）用马匹、战车和强弓全副武装，从东地中海方向进入了埃及，之后，作为当时最大文明国的埃及的雇佣兵融入了埃及的社会。

【战车】

约公元前4000年，欧亚大陆的草原地区，蒙古马最早被驯化为家畜。人们最初将马匹作为肉食，不过很快就被其牵引力所吸引，并与美索不达米亚传入的车轮相结合。公元前1700年前后，马拉战车这一轻型战车被发明了出来。御马者以及战士骑乘在战车上，使用弓箭射杀敌人。虽然战车的维护费用十分昂贵，但是它同时具备着机动力和远程攻击能力，还覆盖有装甲（灵活使用青铜），在铁器以及骑兵部队普及之前，可谓所向披靡。

昂贵的战车成了青铜时代掌握着军事力量的贵族们的标志，神话中也经常会出现乘着战车战斗的战士形象。这个体系传承至后世演变为了骑士精神以及贵族义务。可以说，将马匹用于军事层面是相当于使用坦克的军事革命。

战车诞生于里海北部的草原地带，经由希克索斯人或是米坦尼王国（详见下文）带入了西方文明社会，之后又经由绿洲地区传到了中国（商朝）。商攻灭夏之战中，战车被认为起了关键性作用。雅利安人也通过战车征服了印度的原住民，印度地区也掌握了战车的技术。

喜克索斯人在公元前17世纪发动了武装政变，在埃及三角洲地带建立了独立的王朝（第十五、十六王朝）。相传，埃及人第一次受到异国人的支配，生活非常困苦。不过事实上，喜克索斯人保护埃及的传统文化，只直接统治三角洲地带、西奈半岛北部以及巴勒斯坦地区南部的直辖地，并允许地方势力的存在。现在普遍认为，第十五、十六王朝以及底比斯的第十七王朝是并存的。"喜克索斯人是野蛮人"这一说法，很可能是击败了他们的新王国统治者刻意宣传的结果。

喜克索斯人入侵埃及的背景可能与印欧语系的部族大移动有关。再加上公元前1628年的锡拉岛（圣托里尼岛）火山大爆发（沉入海中的亚特兰蒂斯的原型）所带来的后续影响，地中海一带才会出现如此频繁的部族大移动。一些学者认为，这甚至影响到了夏商革命。

约公元前1900年，与埃及中王国灭亡差不多相同时期，印度河文明的诸城邦也消失了。印度河文明消亡的原因并不为人所知，现在普遍认为可能是由于气候变动。自称雅利安（高贵者）的印欧语系游牧民族从旁遮普地区进入了印度次大陆，这是在三四百年后的公元前1500年前后发生的。第二批游牧民在公元前1000年前后入侵了波斯。

第二批游牧民因为与雅利安人的语言相近而被称为伊朗人。印度西北部的旁遮普地区此后也一直是各民族进入印度的十字路口。雅利安人很可能在沿途的里海周边看到了自燃火（石油的自燃），因此对火焰（火神阿格尼）极为崇敬并将火焰信仰带入了印度。而在波斯地区，这一火焰信仰最终孕育出了祆教。

将献给阿格尼的供物投入火中的行为叫作护摩。这一火焰崇拜也变为了佛教的法灯，这一习惯也随着佛教传入了日本，例如比叡山延历寺的长明法灯。

赫梯的登场与迈锡尼文明

公元前 2000 年至公元前 1500 年这一段时间内，印欧语系的部族绕过了已经沦为强大民族绞肉机的新月沃地，在欧亚大陆中飞速扩张。草原地带的游牧民族如果试图前往适合农耕的地区，向着拥有延绵不断的草原的西方前行更加容易抵达目的地。在与新月沃地接壤的安纳托利亚高原，同属于印欧语系的赫梯人（在他们之前，统治这片区域的是哈梯人）于公元前 1700 年前后建立了自己的国家（赫梯古王国）。他们将哈图沙定为首都。

安纳托利亚高原在公元前 2200 年至公元前 2000 年之间已经有了炼铁技术。赫梯人正是依靠着铁器来争夺新月沃地的霸权。快速扩张的赫梯古王国在穆尔西里一世的带领下于公元前 1595 年远征并攻陷了巴比伦，灭亡了古巴比伦王国。

另一支属于印欧语系的部族——亚该亚人，于公元前 1600 年前后，在迈锡尼建立了深受克里特文明的影响，同时又辅以浓厚军事色彩的迈锡尼文明。赫梯与迈锡尼的建立与喜克索斯人的迁徙行为之间的联动是很明显的。迈锡尼文字（线形文字 B）已经被成功破解，它就是希腊语。

海因里希·施里曼从迈锡尼与特洛伊的遗迹中发掘出了"黄金的遗物"（阿伽门农的金面具等）。这一考古发现十分有名，不过希腊与小亚细亚之间是否如荷马《伊利亚特》所述那样爆发了大规模战争，并无文字史料佐证。有九层堆积层的特洛伊遗迹中，被推测为特洛伊战争时期的第7A市确实在公元前1250年时被烧毁，但是这很可能是海上民族所为。

克里特文明在公元前1450年前后销声匿迹，它很有可能被迈锡尼文明同化了。迈锡尼文明在强大的埃及新王国的庇护下进入了繁荣期。迈锡尼文明向埃及出口铅与银，同时从埃及进口谷物。迈锡尼文明是由诸如迈锡尼、梯林斯、皮洛斯等以城市为中心的数个小王国组成。它们的商业活动范围非常广泛，甚至可能与波罗的海地区（琥珀贸易）以及不列颠群岛（锡贸易）存在着贸易关系。

佩戴珍宝的施里曼夫人

黄河文明登场

公元前14至公元前13世纪间，在后世被称为中原的中华文明起源之地，黄河流域中段的商（殷）发明了甲骨文（象形文字），黄河文明由此开始。位于欧亚大陆东方的黄河、长江流域很早就有人类定居了。黄河流域的粟米、黍米种植和长江下游流域的水稻种植被认为与西亚的小麦种植开始于同一时期。虽然水稻比小麦能养活更多人口，但是开耕水田所需的大量劳动力一直是一个难题。

在新石器时代，广袤的中华大地孕育出了大约十个各具特色的区域文化。聚落被称为邑，各个区域文化互相影响的同时，又保留了自身的独特性。社会制度也从首领制社会逐渐走向了初期国家。比如，乐器与礼乐制度起源于山东地区。公元前4000年至公元前3000年间的彩陶文化（河南省的仰韶文化等），公元前2000年至公元前1500年之间的黑陶、灰陶文化（山东省的龙山文化等）也都十分有名。青铜器①与占卜术经由西北的游牧民族传来，又与南方水稻文化圈融合，初期国家便形成了。

西北的游牧民族与南方的农耕民族，这两者之间的互动形成了贯穿亚洲史，或者说是中国史的骨干。一言以蔽之，中国的历史正是南下的游牧民族与农耕民族互相融合的历史。周和秦也都是从与游牧民接壤的西方兴起进而统治中国的。顺带一提，在殷商就存在的宦官也是起源于游牧民族的。最初只是为了繁殖强壮的羔羊而对虚弱的公羊进行去势，最后渐渐诞生了宦官。日本历史上没有出现宦官也许是因为并没有游牧民族的传统。

甲骨文的发现始于一次偶然。公元1899年，从中药店购买龙骨的学者王懿荣（1845—1900）与他的食客刘鹗（1857—1909，字铁云）发现这批龙骨上刻有如同文字一样的图案。而这批龙骨的产地正是河南安阳（殷墟）。

---

① 中国青铜器的起源有"西来说"和"中原说"，此处为"西来说"，国内主流为"中原说"。

两人收集了甲骨文之后，刘鹗公开了这一发现。在这之后，罗振玉、王国维解读了甲骨文，并发现《史记》中记载的系谱与甲骨文所记载的几乎一致。安阳（安阳并没有发现城墙，因此也有说法认为它并不是首都而是王陵）正是商最后的都城（大邑商，商一共有过五六个首都）。

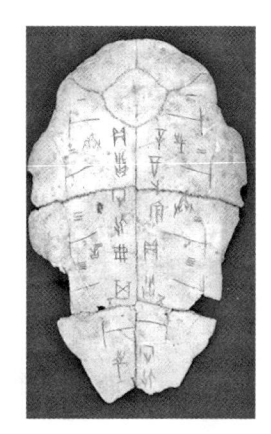

甲骨文

【新石器时代的文化地域】

从北向南，沿海区域依次有燕辽区（辽西）、海岱区（山东，黄河下游流域）、江浙区（长江下游流域）、珠江三角洲；中央依次有雁北区（内蒙古中南部）、中原区（也有将黄河中游流域的河南与渭河流域的陕西分开的说法）、两湖区（长江中游流域）；西部依次有甘青区、巴蜀区（四川盆地）。主流说法认为，中国的新石器时代划分为上述十个区域。甲骨文诞生于中原地区，因此在文字普及的春秋时代之前，只有中原地区的历史被记录了下来。

所以，以眼睛极为突出的青铜面具而闻名的三星堆文化（位于巴蜀区）没有被记载是理所当然的。夏、商、周都是在中原地区的大型城市国家，并没有对全中国进行直接支配。商起于中原地区东部（河南，函谷关以东），周兴于中原地区西部（陕西，关中）。夏的发源地被认为比起商要更偏向西面。

战国七雄中，燕的文化主体在燕辽区，齐在海岱区，楚则在两湖区。春秋时代的吴、越则在江浙区。被称为九州的古代中国也符合这一区域划分。

夏王用九州的长官进献的铜建造了王权的象征——熔铸了九州鬼神的九鼎。这九个鼎在周王朝灭亡时被沉入了河川，据说秦始皇穷尽一生去寻找也毫无收获。九州，或者说各个文化区域，根据《山海经》的记载，都有各自的神负责镇守。从语言学的角度来看，中国北方属于汉藏语系，南方曾有南亚语系与壮侗语系的人居住。

商是一个拥有甲骨文以及优秀的青铜器锻造技术的都市国家，它的影响范围比夏要大得多，不过直接统治的也仅限于首都与周边地区。被商征服的各民族需要在商的首都郊外营建自己的村庄，与江户时代的参勤交代类似。为了长久统治这一庞大的国度，商王被认为会巡游这些村庄并进行祭祀仪式（利用信仰的影响力）。这被称为田猎，秦始皇的全国巡行正是源自这一行为。

首都以外的地区由被称为"侯"的地方贵族支配。商也和古埃及一样进行公共事业，用来建造城墙与王陵。建造于地下的王陵中发现了大量活人殉葬的痕迹。这些殉葬者多为俘虏，主要是被称为羌的游牧民族。

商人用烧红的青铜棍穿插龟甲或是牛羊的肩胛骨，然后观察由此产生的裂痕纹路来判定吉凶。占卜相传原本是西北游牧民的传统。占卜用的骨板会事先进行削薄等加工，以此使得占卜更容易得到自己想要的结果。设想一下，军队物资已经集结就绪，占卜却显示作战不吉的话，那可就太浪费了。在这之后，会用甲骨文刻上占卜的结果。

祈求吉凶的对象是祖先神——帝。也有说法认为帝是超越一切自然神或是祖先神的存在。这一祖先崇拜在之后被孔子进一步采用发展，并成为了中国文化的基础。商同时还有着很强烈的太阳崇拜，他们相信天上的太阳是由十个太阳轮值的。

这十个太阳被赋予了甲乙丙丁等名字，这些字也被用于帝王的名号。十个太阳的思想再发展到十日为一旬。商使用太阴太阳历，一个月以月亮的公转为基准，一年则是以太阳的公转为基准。不过，与农业息息相关的农历则由君王制定，这是统治者的特权，也是统治者权威的象征。

在"问鼎中原"等著名故事中出现的鼎，作为青铜器的量与质都在商朝时期达到了巅峰。最主要的铜产地在云南一带。这些青铜器的主要用途是向祖先神供奉食物。长江流域太阳崇拜产物的饕餮纹，也许正是为了守护这些供奉给神的食物而诞生的。

饕餮纹鼎（青铜器）

每个青铜器都会刻有说明持有人和来历的铭文。雕刻神圣的铭文与锻造青铜器的技术一直由商垄断。直到商之后的周，也一直将青铜器作为王的权威象征分发给周围的地区首领。

现在认为这个由天乙（汤或大乙，约公元前16世纪）建立的国度共历二十九代①，持续约500年。天乙得到了名相伊尹的辅佐，攻灭了沉迷于美女末喜的夏桀，建立了商。第十代王中丁之后，商陷入了混乱。第十九代王盘庚迁都至大

---

① 依据我国夏商周断代工程成果，商朝历经三十一代，中丁为第十一代王，盘庚为第二十代王。

邑商（殷墟），商由此中兴。第二十三代王武丁留有与西方异族之间交战的记录。

商所代表的中国优秀的青铜器文化，在东亚范围内广泛传播。在云南、越南、东南亚等地广泛出土的铜鼓（越南东山文化等），传入日本的铜铎（大型化的中国铜铃）等，都是典型代表。

埃及新王国的繁盛

较甲骨文出现稍早一段时间，维持了约500年国祚的军国主义国家——埃及新王国（第十八至第二十王朝，前1540—前1070）成立了。第十七王朝的底比斯王雅赫摩斯一世（前1570—前1546年在位）攻克了喜克索斯人的首都阿瓦利斯，并且率军驱逐喜克索斯人直到巴勒斯坦地区。第十八王朝诞生了，不过，由此也围绕着叙利亚、巴勒斯坦地区的控制权与米坦尼王国对峙。有关于喜克索斯人的记载大多见于《旧约圣经》（出埃及记）之中。

新王国大约建立于赫梯攻陷巴比伦之后半个世纪。之后，在黎凡特地区争锋的两大强国都出场了。州侯之类的地方势力已经在第十五、十六王朝与底比斯第十七王朝的内战中衰落了，所以第十八王朝可以十分轻易地完成中央集权化。同时，军队已经在与喜克索斯人的战斗中获得长足锻炼，因此也有实力针对努比亚（与喜克索斯人互通友好的以科尔曼为中心的库施王国）或是西亚地区进行军事远征。雅赫摩斯一世首先攻破了科尔曼。

这之后不久，为了庆祝新王国建立，雅赫摩斯一世开始建造供奉底比斯守护神阿蒙的卡纳克神庙。同一时期，国王的称呼也变为法老（意为庞大的宫殿）。王陵设立在底比斯对岸（西岸）的帝王谷。我们如今印象中能代表古埃及的事物大半都与新王国时代有渊源，例如方尖碑。雕刻于棺木上的《死者之书》也首次出现于雅赫摩斯一世的统治时期。

第十八王朝第三代法老图特摩斯一世（前1504—前1492年在位）领军深入努比亚境内，并将国境扩展至第四瀑布区的库尔固斯（靠近金矿产区）。之后，他又领军远征位于叙利亚北部的米坦尼王国的卡尔凯美什，并在幼发拉底河岸建立了国界碑。据说这是埃及人第一次看到水向南奔流的景象。被喜克索斯人支配的痛苦回忆迫使新王国极其重视对叙利亚以及巴勒斯坦等东地中海沿岸地区的统治权，并以此为基本国策。因为当年喜克索斯人正是经由这条路线进入埃及的。

第六代法老图特摩斯三世（前1479—前1425年在位）统治初期由太后哈特谢普苏特摄政（她后来被加冕为法老，与图特摩斯三世共治）。她那壮丽的墓葬庙宇现存于代尔埃尔巴哈里。哈特谢普苏特还重启了自中王国时代以来便中断了的与庞特（今索马里）的贸易。

成年之后的图特摩斯三世南征北战，被誉为埃及的拿破仑。他以击败了迦南盟军的米吉多（巴勒斯坦）战役闻名。

在经过17次针对西亚地区的军事行动后，他将奥龙特斯以南的地区纳入了埃及的势力范围。叙利亚与巴勒斯坦地区的割据势力纷纷派遣自己的长子前往埃及充当人质。

继中王国时代的辛努赛尔特三世的统治之后，东地中海再一次成为了埃及的内海。同时，图特摩斯三世还抹杀了继母哈特谢普苏特的种种记录。可想而知，他们之间应该发生过激烈的权力斗争。

第十八王朝能够进行积极扩张，不只是因为法老的个人能力，也与当时的时代背景有很大关系，作为先进地区的美索不达米亚此时正处于分裂状态，埃及可以说是占据了天时与人和。攻灭了古巴比伦的古赫梯国王穆尔西里一世在凯旋后不久就死于暗杀，古赫梯陷入了混乱。从撤兵的赫梯人手中接收了巴比伦的是来自扎格罗斯山脉的加喜特人。不过，加喜特人虽然是异族，却致力于维护巴比伦的传统（中期的古巴比伦王国就是加喜特王朝，时间为公元前16世纪至公元前12世纪前半期）。

另一批利用了这一权力真空期的是胡里安人（他们既不属于印欧语系又不属于亚非语系）。他们趁机在北美索不达米亚至叙利亚的领域建立了米坦尼王国。这是西亚史上第一个真正意义上将马与战车结合在一起的军事国家。公元前1550年前后，米坦尼王国势力日盛，迫使中期亚述王国向他臣服。

更详细地来看，米坦尼王国是由胡里安人与印欧语系民族互相融合的产物。同时从他们熟练掌握了战马与战车来看，他们可能还与喜克索斯人有所关联。胡里安人基库里在公元前14世纪完成了世界上第一部驯马书。

第七代法老阿蒙霍特普二世（前1427—前1400年在位），根据记载同时是一名高大威猛的战士（他的木乃伊是现存木乃伊中最高大的），这一记录的用意被认为是强调维持着帝国运转的不仅是阿蒙-拉神的庇佑，同时还有强力的国王们的贡献。这同时也能理解为一种让神权从属于王权的尝试，是阿蒙神神官团权力逐渐增大并与王权产生冲突这一时代下的产物。

第八代法老图特摩斯四世（前1400—前1390年在位）与米坦尼王国和谈并联姻。两国瓜分了叙利亚地区，北叙利亚归于米坦尼，南叙利亚则归于埃及。这一和谈成立的背景是新赫梯王国开始恢复元气，逐渐威胁着米坦尼王国的北方边境，米坦尼无法在双线作战的情况下与埃及继续争夺叙利亚的控制权。

埃及新王国在这之后步入了即便放在古埃及的3000年历史中也称得上巅峰的繁荣期。西亚与努比亚丰富的物资流入埃及，王权也进一步得到加强。第九代法老阿蒙霍特普三世（前1390—前1352年在位）建设完成了与卡纳克神庙相媲美的卢克索神殿。他的母亲是米坦尼的公主。首都底比斯极为繁荣，被称为百塔之城。不过阿蒙神神官团的权力没有任何减小，甚至日渐强大。

阿蒙霍特普三世在底比斯西岸为自己建造了巨大的墓葬庙宇，并在庙宇的玄关处放置了两尊巨大的雕像。虽然庙宇在后世被破坏了，不过这两座被称为"门农巨像"的雕像留存至今。阿蒙霍特普三世在哈布（阿蒙霍特普三世的宠臣）之子阿蒙霍特普的帮助下，在全国范围内大兴土木，建造了许多神殿与行宫。古埃及史上，能进行如此大规模的建筑事业的，除了阿蒙霍特普三世，就只剩下之后的拉美西斯二世了。

哈布之子阿蒙霍特普在后世与伊姆霍特普一同被奉为医学之神。得益于西亚政治局势的稳定，阿蒙霍特普三世能尽享这和平盛世的利好，不过因为埃及在这一时期没有进行过军事行动，所以这也导致了它在西亚地区威望的下降。

最初的宗教改革与埃及的众神

第十代法老阿蒙霍特普四世（前1351—前1334年在位）厌恶阿蒙神神官团的横行，他凭借专制君主的权力，进行了人类史上第一次大胆的宗教改革。他将父亲阿蒙霍特普三世供奉的各种埃及传统神明全部归结为一位异类的太阳神——阿顿神，同时迁都至阿克塔顿（泰勒阿马尔那），并且与爱妃娜芙蒂蒂一同奉行和平外交政策。这一时期被称为阿马尔那时代。

这一时期的埃及，交易范围更为广阔，同时与美索不达米亚地区的加喜特人、中期亚述王国、米坦尼王国、新赫梯王国等来往频繁。在阿马尔那被发现的阿马尔那文书中包含着许多用楔形文字拼写的通用语阿卡德语的外交泥板文书。阿马尔那诞生出与传统埃及艺术截然不同的自然主义文化艺术（阿马尔那艺术）。现藏于柏林的娜芙蒂蒂半身像就是其中代表。

然而，卷土重来的新赫梯王国夺取了埃及的外部领土（叙利亚、巴勒斯坦地区），理想主义者埃赫那顿（为了歌颂阿顿神，他特意改掉了即位时的名字阿蒙霍特普）发起的激进的宗教改革也在十年内被挫败了。外部领土的丧失以及通过强权封锁自古以来祭祀诸神的神殿等行为导致了大规模的社会动荡。宗教改革的失败可以说是必然的。

利用锡拉岛火山爆发（火山爆发的烟灰遮盖了太阳，导致阿蒙-拉神的权威下降，同时也引发了对新太阳神的渴望）推行阿顿神信仰的这次一神教改革可以说是十分明智的，然而它与当时的时代背景相悖。

正好在此大致归纳一下埃及众神吧。被弟弟赛特神使用奸计谋杀后，诸神之王奥西里斯成了冥界之王。奥西里斯与他的妹妹地母神伊西斯（埃及发音更接近阿赛特）的儿子荷鲁斯（隼头神）杀死赛特神完成复仇，成为众神之王。这一神话从侧面体现出了信奉荷鲁斯的势力（以希拉孔波利斯城邦为中心）击败了信仰赛特神的势力（以奈加代城邦为中心）这段历史。奥西里斯的崇拜中心阿拜多斯则一直保有信仰中心这一超然地位。

除此以外，还有长有鹭鸶头的众神书记官，同时也是智慧之神（荷鲁斯的宰相）的托特，长有一对公牛角、角的中间有太阳圆盘的生育女神哈索尔，天空女神努特以及她的丈夫大地神盖特（他们的孩子分别是奥西里斯、伊西斯、赛特，其他神话的天神多为男神，而在埃及神话中则是女神，埃及的王位继承规则也是如此，以女系为准则，与公主结婚的男性成为国王），底比斯的守护神阿蒙，太阳神拉（新王国时期，这两位神被认为是同一位神，被称为阿蒙-拉，并且成了事实上的最高神），长有豺狼头的死神阿努比斯，从圣牛崇拜中诞生的公牛阿匹斯，孟斐斯的守护神卜塔，以吐着舌头的小矮人为形象的家庭守护神贝斯等。

象征着生殖力的男根崇拜也在埃及信仰中占有重要成分（在壁画中，丰饶神敏或是阿蒙等男神，都会被画出勃起的生殖器）。希腊也承袭了这一特点，体现在方柱形胸像上（会在相应高度刻出生殖器）。这类方柱形胸像被认为可能是道祖神信仰的表现形式。

将奥西里斯、伊西斯、荷鲁斯一家三口作为三柱神一同祭祀的埃及神殿，以及怀抱着荷鲁斯神的伊西斯神雕像，都被基督教吸收，变为了三位一体学说和抱着耶稣的圣母像。埃及神话属于泛灵论，与亚伯拉罕系的闪米特一神教相去甚远，与希腊诸神倒是更为相近。

古埃及人在追求着现世快乐（会在墓中画出歌颂人世的

壁画的民族，大概率不会是厌世的群体）的同时，还保有着独特的来世信仰。古埃及人如此热衷于制作木乃伊（保存尸体），正是为了在冥界复活所做的准备。复活之路上，还需要经历各种考验（渡过大河等）。帮助通过这些考验的指南（咒语集锦）会被雕刻在金字塔内的墙壁上或是棺材上，并且逐渐被规范化，成了我们如今所知的《死者之书》。

最后的试炼是对死者进行司法裁判。阿努比斯会在奥西里斯的法庭上将死者的心脏与象征着真理（玛亚特）的羽毛放在天平之上，无罪者将获得奥西里斯的护符，乘坐太阳之船被送往冥界乐土雅卢。美索不达米亚地区因为重视现世，所以用于维护社会秩序的法律十分先进，而埃及则相反，倾向于追求基于玛亚特（真理、正义、秩序）的个人道德。

埃赫那顿离世后，宗教改革引发了强烈的反弹，极端保守主义占据了上风。任何革新之路都被封锁，第十八王朝的国力一落千丈。第十一代法老图坦卡顿（后来为了表示反对其父的宗教改革，改名为图坦卡蒙）因他那几乎完好无损的王墓以及黄金面具而闻名。从他更改王名的行为可以看出，阿蒙神信仰卷土重来了。

图坦卡蒙的黄金面具
（埃及博物馆藏）

古代王名表上没有记载图坦卡蒙这位英年早逝的法老，他也没有留下任何统治纪录。传说中犹太教的创始者摩西的名字是埃及风格的，有说法认为，摩西可能从阿顿神或是玛亚特中得到了启发。

赫梯的霸权与卡迭石之战

从穆尔西里一世被暗杀后的混乱中恢复过来的新赫梯王国（约前1450—前1190）再次开始了扩张。赫梯人从早先居住于安纳托利亚地区的哈梯人那里学会了炼铁技术，在公元前1400年前后，在钢的制作工艺上取得了惊人的突破，并将它运用到了武器制作上（再加上从米坦尼王国那里学来的战马与战车的运用），由此赫梯帝国获得了远胜于其他国家的军事力量。最近的研究认为，钢可能在公元前22世纪就已经被发现了。

赫梯王国信仰多神教，并且是一个法治国家。它的万神殿中会祭祀所有被他们征服的民族的神明。就如前文所述，虽然赫梯的崛起使米坦尼王国与埃及之间弭兵和解且外交关系也变得融洽了，不过赫梯还是在苏庇路里乌玛一世（前1355—前1320年在位）的领导下攻灭了米坦尼王国，叙利亚地区也表示臣服。随着米坦尼王国的灭亡，中期亚述王国也从重压中解脱，并且加入了美索不达米亚地区霸权的争夺，与新赫梯王国以及加喜特朝的巴比伦王国陷入了一进一退的胶着状态。新月沃地由此进入了四国并立的时期。

在埃及，第十九王朝兴起，并且开始重建失去的秩序。第二代法老塞提一世（前1294—前1279年在位）在卡纳克神庙中增设了伊波斯蒂尔大厅，同时还建造了阿拜多斯神殿（因阿拜多斯王名表而闻名）进行祭祀仪式，以此彰显自己的正统性。同时他还两次对西亚发动了军事远征，不过并没有成功收复叙利亚地区的领土。

第三代法老拉美西斯二世（前1279—前1212年在位）再次试图将势力扩张至叙利亚地区。新赫梯王国的穆瓦塔里（前1290—前1272年在位）选择与埃及正面对决，这一场战争在奥龙斯特河畔的卡迭石之战（公元前1274年）后落下帷幕。双方都宣传自己获得了伟大的胜利（如卡纳克神庙的浮雕等），不过因为叙利亚地区在战后依然处于赫梯的统治下，所以实际上新赫梯王国获胜的可能性极大。

两国在这之后的16年间依然针锋相对，最终拉美西斯二世迎娶了赫梯的公主，结束了两国之间的对立。新赫梯王国此时正面临着国力日盛的中期亚述王

和平协议黏土板
（伊斯坦布尔考古博物馆藏）

国的威胁，因此将叙利亚南部割让给埃及以缔结同盟更合时宜。这就是世界上最早的留下书面记录的和平条约。从赫梯首都哈图沙出土的和平条约（黏土板）原件如今被保存于伊斯坦布尔考古博物馆内，它的复制件则被悬挂于纽约的联合国总部内。

中期亚述王国在图库尔蒂-尼努尔塔一世（前1244—前1208年在位）的统治下逐渐占据优势，公元前1235年前后，它与加喜特朝巴比伦进行战争并且攻陷了巴比伦城，短暂统治了巴比伦尼亚地区。这次征服对亚述来说是史无前例的壮举，在这之后也时常被传颂。中期亚述王国同时还对加喜特朝的盟友新赫梯王国伸出了利爪。可是，图库尔蒂-尼努尔塔一世被他的一个儿子暗杀了，国内因此陷入了混乱。

被中期亚述王国击败的加喜特朝在约公元前1155年被中期埃兰王国征服了。马尔杜克神像以及雕刻着汉谟拉比法典的石碑都被移往了中期埃兰王国的首都苏萨。不过，在这之后约半个世纪，继加喜特王朝之后统治巴比伦尼亚的伊辛第二王朝国王尼布甲尼撒一世对埃兰发动了军事远征，并且成功带回了马尔杜克神像。

与新赫梯王国和谈后，获得和平的拉美西斯二世开始致力于内政，在他统治时期的后半段，建造了以阿布辛拜勒神庙为代表的一系列建筑。拉美西斯二世沉迷于美化宣传自己，中王国时期的辛奴赛尔特三世的纪念碑也被拉美西斯二世据为己有。据推测，这一时期埃及有300万人口。古埃及最后的荣光也将伴随着拉美西斯二世的离世而消失。拉美西斯二世统治的末期，从海上民族的入侵开始，新王国便日暮西山了。

第二十王朝的拉美西斯三世（前1186—前1155年在位）虽然成功阻止了海上民族的入侵，但是并没有办法消灭他们，最终不得不承认了非利士人（Philistine，"巴勒斯坦"一词Palestine的词源）在巴勒斯坦地区的殖民。在这之后约100年后，随着利比亚的军人阶级在北部独立，新王国灭亡了。埃及进入了第三个分裂时期——第三中间期（约前1070—前711）。

公元前1200年的大灾难

新赫梯王国与埃及互相争斗的黎凡特（叙利亚、巴勒斯坦）地区自古以来就居住着属于闪族的迦南人。这个地区是连接着美索不达米亚与埃及的走廊，因此有着极为重要的战略地位，民族之间的混居也极为普遍。作为海洋商业民族的迦南人以此为据点，与美索不达米亚地区、埃及以及克利特之间进行着贸易。最终，迦南人主要分化为腓尼基人与阿拉姆人这两个民族。

公元前13世纪末至公元前12世纪这一段时间内，被称为海上民族的群体开始袭击埃及至东地中海一带的沿岸地区。海上民族是东地中海各部族的总称，很可能是因为小亚细亚或巴尔干半岛受到气候变化、饥荒等影响，导致居住于此的部族开始大规模迁徙。公元前1159年，冰岛海克拉火山的喷发加剧了这一现象。

海上民族的劫掠行动使东地中海沿岸成了一片废墟，他们毁灭了两个文明（赫梯、迈锡尼），还有一个文明（埃及）则受到了致命打击。在黎凡特地区一家独大的城邦国家乌加里特也被破坏，中期亚述王国的势力也被削弱。赫梯人长时间垄断并保密钢铁的制作工艺，随着他们的国家被海上民族毁灭，制钢工匠四散奔逃，制钢工艺才由此开始广泛传播。

青铜时代走向终点，铁器时代来临了。与青铜的原材料铜或者锡不同，铁在地球上大量且广泛存在。铁器时代的到来使得工匠（锻造业）阶级大规模扩大，同时农业与战争的效率也取得了飞速的提高。

最主要的是，以铁作为生活必需品，以此为基点发展而来的社会分工体制变得无法动摇了。同时，成本低廉的铁制武器的大规模普及，也使得昂贵的战车失去了它的绝对优势地位。铁器还让社会的贫富差距缩小，与青铜时期相比，铁器时代变得更加大众化。同时，对于没有铁资源的埃及，可以说是雪上加霜。新王国时代也成为了埃及最后一个称霸的时代。

海上民族毁灭了迈锡尼文明后，希腊进入了持续400至500年的黑暗时代。现在大多数学者摒弃"黑暗时代"这一并不客观中立的称呼，而改称其为"初期铁器时代"。在海上民族掀起的风暴中唯一幸免于难的中期亚述王国，除了在亚述史上第一次成功打通了前往地中海道路的提格拉特帕拉沙尔一世的统治时期，其余时期都因陷入饥荒或疫病，不得不暂时蛰伏。

以公元前1200年为分界点，新月沃地突然出现了极大的权力真空。这就是俗称的公元前1200年的大灾难。在这既定秩序彻底崩坏的环境下，各种各样的小国纷纷登场。同一时期的阿尔卑斯山的北方，以奥地利地区为中心的属于印欧语系的凯尔特人进入了初期铁器时代，这被称为哈尔斯塔特文化。

乌加里特掌握着霸权的叙利亚、黎巴嫩地区，以比布鲁斯、西顿、泰尔等港口都市为大本营的腓尼基人掌控了东地中海的制海权，并且开始进行真正意义上的航海活动。腓尼基人是世界上第一个将楔形文字简化为字母的民族（之后字母被希腊民族引进并传播至全世界），现在认为世界上最古老的字母（原始迦南字母）在公元前19世纪末于迦南地区开始使用。

这一地区是楔形文字与埃及象形文字的交界处。想同时学会这两种文字毫无疑问是非常困难的，因此这一地区文字的简化是迫在眉睫的。出于同样的理由，这一地区也是一神教的起源地。美索不达米亚与埃及的诸神（与文字一样）被整合在一起，神格逐渐集中至一位神的身上。简化后的字母使得书记官的工作大幅减轻。因此，文字与铁器一样也开始广泛传播。

比布鲁斯以莎草纸的贸易而闻名，最初的《圣经》就书写于莎草纸之上，因此比布鲁斯（Byblos）成了《圣经》（Bible）的词源。腓尼基人并没有大片的故土作为后盾，而是通过交易特产——例如黎巴嫩雪松或是珍贵的帝王紫染料（也有说法认为，腓尼基人从美索不达米亚地区学到的玻璃制作等工艺十分高超，因而产品热销）增强经济实力并以此进行扩张，非洲（迦太基的传承显示他们的起源正是公元前814年比布鲁斯人建立的殖民地）以及西班牙都有他们的殖民地。整个地中海第一次被商业贸易网连接在了一起。

腓尼基人于公元前1100年前后在西班牙（当地有一个盛产金银的塔尔提索斯王国）建立的殖民地加的斯，被认为是欧洲最古老的都市。在希腊人强势崛起之前，地中海可以被称为腓尼基人的内海。

希腊神话中，宙斯变身为白色的公牛引诱了腓尼基公主欧罗巴，并将她带至克里特岛。如今欧洲的名字正是取自这位欧罗巴公主。欧罗巴的两位兄弟卡德摩斯与福尼克斯向西寻找他们的姐妹，卡德摩斯在希腊的忒拜（这一地名很明显取自埃及的底比斯）建立了自己的国家。

卡德摩斯建立忒拜王国的神话很可能体现了从公元前18世纪开始的喜克索斯人西侵的历史。总之，正如这个耳熟能详的神话所隐喻的那样，腓尼基文明与埃及文明正是希腊文明的摇篮。

有一个民族，如同接力赛跑一般，将与腓尼基人贸易得来的商品转卖至美索不达米亚地区——他们就是以叙利亚的大马士革为中心建立了城邦的阿拉姆人。他们几乎独占了新月沃地内陆地区的贸易，因此他们的语言取代了之前的阿卡德语成为通用语。阿拉姆语在这之后的一千年里都是一门国际语言。

耶稣也是使用阿拉姆语传教的。圣母玛利亚的名字，转写为阿拉姆语是米利暗，意为美丽的女性，即丰满的女性。这一词汇的诞生是起源于富裕阶层看见美丽的女性会请她饱餐一顿的习俗。受到腓尼基文字影响强烈的阿拉姆文字，最终成为欧亚大陆上除汉字以外的所有东方文字（希伯来文、波斯文、阿拉伯文、印度文、泰文、藏文、回鹘文、蒙古文等）的祖先。

以色列建国

希伯来人在传说中的祖先亚伯拉罕时代，到达了美索不达米亚地区北部，并且暂居于埃及境内（很可能是作为喜克索斯人的一部分）。公元前1000年前后，他们在与原住民腓力斯人（巴勒斯坦人的祖先）的抗争中，成功建立了一个以耶路撒冷为中心的小王国（以色列王国），相当于大卫王的时代。

根据如今的考古成果显示，当时的耶路撒冷似乎只是一个仅有1000人左右的小聚落。即便是到了大卫王之子所罗门王的时代，也依然没有明显的改变。

如果南阿拉伯半岛（如今的也门）的示巴女王拜访所罗门王是史实的话，想必她会忍不住感叹这里的落后吧。

因为在示巴女王的首都，乳香与没药等香料的贸易活动十分发达，据推测，她的都城里可能有10000人以上。

所罗门王与示巴女王的会面（皮耶罗·德拉·弗朗切斯卡绘）

不过，"大卫王的武勇与所罗门王的奢华"被后世的子孙写入了《旧约圣经》，因为描写得十分华丽庄严，因此即便是夸大了事实，也依然传唱至今。不得不说，这是文字力量的最好体现。

希伯来人在迦南地区开创了闪族的一神教。美索不达米亚地区的宗教形式是多神教，不过闪族的人们普遍以个人为单位选择一位神明宣誓并崇拜。日本人中也有只前往固定神社参拜的信众，他们这种行为与闪族人是一样的。

希伯来人则更加激进，他们最终将所有神都整合为一位名为YHWH（因为没有元音，所以读音无法确定，目前假定读音为雅威）的神明。雅威被认为可能是西奈山神与乌加里特城邦的最高神埃尔的结合体。希伯来人开始专注于对祖先亚伯拉罕所信奉的雅威的单独崇拜。

下文开始将希伯来人称为犹太人，将他们的宗教称为犹太教。在这之后，信奉着同一位神明的第二（基督教）、第三（伊斯兰教）闪族一神教也将登场。

商的覆灭

与传说中青年大卫王勇斗腓力斯人的勇士巨人歌利亚（穆斯林称他为加鲁特）同一时期，欧亚大陆东方的商朝走向了命运的终点。帝辛（纣王，前1044—前1023年[1]在位）迎娶了妲己之后逐渐残暴，并留下了酒池肉林等典故。

可是，通过解读甲骨文可以得知，帝辛是一位实行了停止活人祭祀等开明政策的君主。他很有才干，这也使得他快速将权力集中了起来，不过这招致了各地诸侯的反对，可能间接导致了商朝的灭亡。在帝辛专注于征讨东夷的时候，西方的周武王（前1034—前1022年[2]在位）趁势举兵，并于公元前1023年[3]的牧野之战中灭亡了商朝。东方的齐国大概

---

[1] 依据我国夏商周断代工程成果，纣王在位时间为前1075—前1046年。下文年份相关脚注依据同此。
[2] 前1046—前1043年。
[3] 前1046年。

率参与了战争，与周夹击了商。

齐国的初代国君是著名的太公望（吕尚）。吕尚作为一名军师的同时也是许多传说故事的主角。周武王的父亲姬昌发掘了正在垂钓的吕尚，并称赞他是自己的父亲太公季历所渴望的人才，所以吕尚被称为"太公望"。早年嫌弃吕尚贫穷而离婚的妻子在吕尚功成名就后前来寻求复婚时，吕尚所说的"覆水难收"也广为人知。不过，周朝初期的金文中，不管是"吕尚"还是"太公望"，都没有出现。现在主要认为太公望这一人物以及故事大多来自后世的创作。

周是以如今西安周边（渭水盆地）为大本营的一个部族，它在姬昌（周文王）的统治时期开始扩大势力，并被帝辛任命为西伯。姬昌一度被帝辛投入狱中，出狱后更加致力于韬光养晦，发展自身的实力。姬昌从周部族的至高神天处得到了天命，并且拥有一种被称为德的法力。到了战国时代，受德于天是为王的基础资质。商的至高神帝让位给了周的天。自周朝以后，所有的君王皆被称为天子。

周武王成功建立周王朝。这被称为殷商革命，它的主要意义在于王权从政教合一的政体中脱离出来了，换言之，人从神的束缚中脱离出来了。商周革命也带了语言的变化，修饰语被放到了被修饰语的前面（"帝辛"等变为了"始皇帝""武帝"等）。周深受游牧社会的父系制度影响，他将父系制度的象征——长子继承制与同姓不婚制带入了中原。

同姓的父姓亲缘团体中，嫡系（长子一脉）被称为大宗（即日语中的"本家"），次子及之后儿子们的血脉称为小宗（即日语中的"分家"），全宗族都必须遵守的规则被称为宗法。以身份制度为基础的道德规范被称为礼。《周礼》虽然相传是由周公旦编撰而成，不过事实上它的成书最早也只能追溯至汉武帝统治时期之后。

周朝虽然对甲骨文不甚关注，但是积极继承了青铜器以及雕刻于其上的金文技术，并将雕刻了周王室恩德的青铜器分发给诸侯，以此来威慑他们。不过，由于不再是政教合一体制，祭祀用的青铜礼器制作工艺逐渐退化。

周朝定都于岐山（织田信长的岐阜城之名取自此）山脚的镐京（宗周）。同时，将镐京周围的地区，也就是周王室的直辖地，称为中华或是中国。并且为了利于统治商的故地等被称为四方的诸侯领地，周还设立了陪都雒邑（洛阳，成周）。

周武王在完成建国大业后的第二年便驾崩了，商的遗民等势力掀起了叛乱。成功安定了这一局面的是统治着雒邑一带的王族——周公旦（文王的第四子），他以摄政者的身份辅佐年幼的第二代天子周成王（前 1021—前 1002 年[①] 在位）。周公旦在后世被认为是礼乐制度的集大成者。500 年后的孔子极为推崇周武王或是周公旦等人，并将他们奉为圣王。出

---

① 前 1042—前 1021。

周公旦

生于鲁国的孔子，对国君的祖先周公旦极为尊敬，他数次提到自己在梦中见到了周公旦。

　　周天子将帝辛之兄分封于宋，并让商人继续供奉祖先。如果将商人赶尽杀绝的话，他们就无法继续供奉祖先了。很多宋国人都从事物品流通的行业，"商业"一词正是诞生于此。因劝谏帝辛而被囚禁的箕子则在被释后前往北方（朝鲜），建立了自己的国家。这就是传说中的箕子朝鲜。

　　印度方面，入侵者雅利安人已经定居下来，并且逐渐分化出了四个阶级（瓦尔那）。雅利安人与希腊人一样都是极端的男尊主义，主要崇拜神王因陀罗以及火神阿格尼等男神。献给神的赞歌这种带有法力的语言被称为梵语（发音类似"婆罗门"），他们的宗教也被称为婆罗门教，祭司阶级也被称为婆罗门。公元前1200年前后，印度最古老的文献，同时也是赞歌集的《梨俱吠陀》被创作了出来。雅利安人将战士（贵族）阶级称为刹帝利，农民或商人阶级称为吠舍，被征服的民族则被称为首陀罗。这就是如今依然对印度影响极大的种姓（卡斯特）制度。种姓制度与印度教就如同两股绳子，将多样化的印度次大陆捆成一束。顺带一提，卡斯特一词起源于葡萄牙语。

【《梨俱吠陀》中的诸神】

　　《梨俱吠陀》与波斯最古老的文献、袄教经典《波斯古经》（约公元前1000年前后成书）有相当篇幅的雷同，不过两个民族都起源于同一批游牧民族，所以如此情形是理所当然的。《梨俱吠陀》中出场最频繁的是战神、雷神因陀罗（帝释天），可以看出当时的社会状况（战争冲突频发）。仅次于他的则是火神阿格尼。其他强力的神明有太阳神苏利耶、风神伐由、酒神苏摩等。暴风神楼陀罗则与印度河文明的男根崇拜融为一体，之后演变为了湿婆神。还有创造神梵天与另一位太阳神毗湿奴，以及死神阎魔。登场的女神则有曙光女神乌莎斯、梵天的妻子河神（辩才天女）等。辩才天女被认为与波斯水神阿纳希塔同出一源。登场神明的总数为三十三位。这与佛教中的三十三天相通。这之后，以歌颂为中心的《娑摩吠陀》，祭祀为中心的《耶柔吠陀》，咒语为中心的《阿闼婆吠陀》被逐一编订。公元前600年前后，作为婆罗门教教义经典的四大吠陀经典全部完成了。

　　到了公元前1000年前后，雅利安人的势力扩张至了恒河流域。公元前800年前后，随着铁器的普及，恒河流域的开拓工事也开始了。约公元前9世纪至公元前8世纪这段时间，恒河上流开始形成部族王国，《摩诃婆罗多》正是取材于它们之间争斗的历史。统领部族的领袖被称为拉者。

　　阿斯瓦利达（即马祭，通过献祭骏马来彰显王权的强盛，是持续数月的大型祭祀）等印度特有的王权仪式被认为成立于这一时段。伴随着部族王国的出现，种姓制度的地位愈发不可动摇，同时，在首陀罗之下的不可接触者（旃陀罗）阶级也设立了。用于支撑瓦尔那与种姓制度的亚种姓（出身、血缘集团）也逐渐出现雏形。

第四章

第三个千年前半期的世界

（公元前1000年—公元前501年）

第三个千年的前半期，自公元前1200年的大灾难以来一直处于权力真空状态的新月沃地出现了一个空前的世界性帝国，人类第一次体验了全球化的感觉。同时，骑乘技术得到了普及，骑马服（裤子）以及移动式住居（帐篷以及轻量化的家具）等支撑着游牧民族的技术取得了巨大进步，草原地带开始有游牧帝国出现了。斯基泰就是它的开端。

以东北平原、蒙古高原至中亚的草原地带（突厥斯坦）以及俄罗斯、乌克兰至匈牙利平原的欧亚草原地带为大本营的游牧国家，凭借着廉价的铁质弓箭与骑兵高超的军事机动力，在火器普及之前一直是推动着欧亚地区历史进程的原动力。以四大文明为起源的农耕民族与骑马的游牧民族之间的对立关系也时刻牵动着欧亚大陆历史的发展。游牧民族与农耕民族容易发生碰撞的农牧接壤地带的重要性也逐渐体现出来了。

象征着贵族荣耀的战车也是在这一时期开始被骑兵所取代。不过战车并没有完全被抛弃。例如，罗马的战车竞赛一直发展，直到如今变成了F1赛车。地中海沿岸地区，伊特鲁里亚人和希腊人逐渐崛起。欧亚大陆的东部，周的势力很快就衰弱了，中国进入了群雄割据的春秋时代。

平王东迁与中华思想的诞生

在公元前1000年的世界，老大帝国埃及（第三中间期）以及中期亚述王国已经呈现颓势，除了周王朝这一新兴势力，世界上再也没有能称之为大国的势力。不过，周王朝实质上直接统治的仅是都城镐京和陪都雒邑之间的椭圆地带。

周王朝建立后，功臣以及王室同族亲属被授予周王室的直辖地（中华、中国）以外的地区（四方），在那里建立了自己的国家，这被称为分封建国。封建制也得名于此。天子赐予诸侯爵位以及土地，作为交换，诸侯有着缴纳贡品以及随从作战等义务。吕尚得到了他的故乡齐，唐叔虞（周成王的弟弟）得到了晋（山西），同时为了牵制异姓大国的齐，周公旦的子嗣被分封到了鲁。这些诸侯最终都走向了独步自立的道路。

为了统合各诸侯国，周天子会定期举行盟会，这其实继承自商代的狩猎捕鱼祭祀，因此经常在有池塘或是水流经过的地区进行。在盟会举行时，周天子会赐予参与者贝币（宝贝）等作为赏赐。周王室通过这种财富的再分配来维护与诸侯之间的关系，周王朝的统治疆域也越来越广阔。

西周的第四代天子周昭王（前993—前985年[①]在位）相传在与南方大国——楚（长江文明的继承者）之间的战争中阵亡。第五代天子周穆王（前985—前940年[②]在位）则

[①] 前995—前976年。
[②] 前976—前922年。

留下了西巡过程中在昆仑山与西王母相会于天池（乌鲁木齐近郊）的传说。这传说可能反映了周穆王对西方异族进行了征伐。同一时期（约前950年），大陆的水稻种植技术首次传入了日本列岛。

第六代天子周共王时期（前940—前903年[①]在位），作为周王朝开疆扩土主要手段的册命仪式也沦为了单纯的官职任命。第十代天子周厉王（前854—前841年[②]在位）相传十分贪财，并且极尽所能地独占财富。这引发了诸侯们的叛乱，使得他只能亡命至边境地区。这是公元前841年发生的事件。因为众多资料被烧毁，这次大规模叛乱的记录极少。

不过，在这一年之后，历史年代便可以精确定位了。因为天子已经无法掌控朝政，所以一位叫作共伯和的贵族开始负责处理政务。共伯和辅佐着年幼的周宣王（第十一代天子，前827—前782年在位），尽心尽力（他们的关系与周公旦之于周成王，以及西汉的霍光之于汉宣帝极为相似）。Republic这个词汇的日语译名"共和"正是取自于这个故事，明治时代根据它创造出了"共和政（国）"这一词汇。

第十二代天子周幽王（前781—前771年在位）宠爱美女褒姒，怠于朝政，公元前771年，西方的游牧民族——犬戎灭亡了西周。传说中，冷面美女褒姒曾经看到因错点烽火而领兵驰援的诸侯们惊慌失措的模样而发笑，而周幽王为了

[①] 前922—前899年。
[②] 前877—前841年。

博褒姒一笑在此之后数次故意引燃烽火。这导致愤怒的诸侯们在犬戎入侵时没有一人领兵前来勤王。

综观夏桀、商纣王以及周幽王的亡国故事，都是宠幸美女、施行暴政等，以同样的模式重复。不仅如此，夏禹、商汤、周武王，每一位开国之君都是完美无瑕的明君形象。因此，夏桀以及商纣王的故事是后世基于周幽王的故事进行的创作。

周幽王的后继者是周携王（前772—前759年①在位），不过反对势力在公元前770年于雒邑拥立了周平王（前770—前720年在位）。周携王最终为晋文侯所攻杀，西周灭亡了。西周的故地陕西在公元前754年被分封给了秦文公。

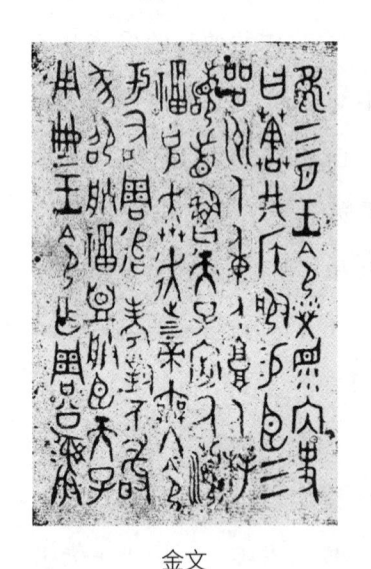

就在周王室东西分立的混乱局势中，由周王室独占的金文刻法向外流出了，广义上的汉字圈正是起源于此。也就是说，地方诸侯通过收留从王室直辖地区逃难而来的金文匠人，第一次能直接解读周天子赏赐的青铜器上所雕刻的金文了。这与赫梯灭亡后发生的制钢技术传播是一样的。

也就是这个时间点上，在

金文

---

① 根据《竹书纪年》，周携王在位时间为前771—前750年。

金文中被夸大形容了的周文王、周武王的德以及周公旦的政绩，使解读后的诸侯（尤其是获得青铜器相对较多的先进地区诸侯）信以为真，同时也首次感受到了夏商周三代的历史深度。同时，自然而然也就产生了周王室的血统尊贵无比，自己的祖先不配与他们相争的想法。

在下文将会提到的春秋五霸中，这些先进地区的霸主们没有一人僭号称王就是最好的佐证。在现代也是同理，越是年份古老的记载越是具有价值，也更容易令人信服。诸侯们首次解读了贵重青铜礼器上的铭文后的心情是能够理解的。与之相同的现象也出现在了后来汉字传播到的所有汉字文化圈国家之中。这也是中华思想的源头。

周王室的东迁使得他们失去了军事实力上的优势，群雄割据的时代到来了，不过随着汉字的传播，周天子的传统以及精神领域上的崇高性在各地愈发获得认同，天子的血统显得愈发尊贵了。周文王、周武王以及周公旦的统治被认为是王道政治的典范，不过事实上，相较于其他时期，他们的统治时期战乱频发，不过金文的"魔力"让这几位古时圣王的传说口口相传，影响越发广泛。后世，孔子的儒家思想将这些传说故事更加体系化了。

在这一背景之下，除了西周的200余年以外，东周甚至也保持了500年以上的国祚（公元前256年，东周为秦所灭）。东周的前期被称为春秋时代，后期则被称为战国时代。春秋时代得名于孔子的《春秋》（记录了公元前722年至公元前481年的历史），这是一部基于鲁国纪年的编年体史书。儒家认为《春秋》是孔子的著作，因而将其列为五经之一，不过事实上似乎这是在齐完成的[①]。战国之名则取自西汉刘向（前77—前6）编订的《战国策》。

周王室的墓被认为与商王室一样建造在地下，不过至今没有遗迹被发现或是发掘。不过，根据北京大学等机构的调查，2004年在周的发源地发现了地下沉眠着疑似周王室墓群的大型遗迹。

新亚述王国的崛起

与周趁着建国之初的气势一扫四周异族同一时期，在美索不达米亚地区持续蛰伏的新亚述王国终于结束了休整，开始走上扩张之路。伟大的征服者，阿舒尔·纳西尔帕二世（前883—前859年在位）迫使腓尼基的各海洋城邦臣服，将领土扩张至了地中海沿岸。

这直接导致了腓尼基城邦愈发依靠海洋寻找活路。阿达德·尼拉里三世（前810—前783年在位）幼年即位，他的母亲萨穆拉玛特担任了约四年的摄政王，她就是后世希腊神话中智慧的塞米拉米斯女王。

大约就在这一时期（公元前9世纪后半期），位于北亚

[①] 此种说法在第129页也有，但缺少根据。西晋史学家杜预认为，《春秋》是孔子收鲁国史书后修改编纂而成的。

美尼亚的乌拉尔图王国（以现今位于土耳其共和国境内的凡湖周边为中心）在英主明努亚的统治下发展壮大，并呈现出了与新亚述王国角力的态势。新亚述王国崛起的势头被乌拉尔图王国阻止。乌拉尔图王国首次在伊朗地区建造了由矿山技术延伸而来的坎儿井①。坎儿井技术四处传播，东至中国的新疆地区（被称为 Karez），西至北非（被称为 Foggara）。

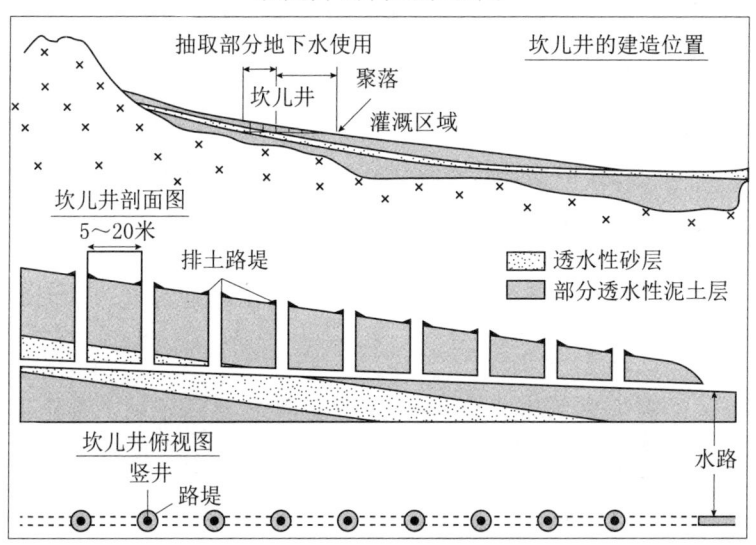

坎儿井的构造示意图

乌拉尔图王国的势头却到此为止了。新亚述王国的提格拉特帕拉沙尔三世（前744—前727年在位）雄心勃勃，他

---

① 这是坎儿井起源的观点之一，而中国主流观点是坎儿井源于国内，为中国古代三大工程之一。

创设了常备军制度,一举攻陷了乌拉尔图,他并没有对占领地区大肆破坏,而是迫使当地的居民迁入亚述治下,他可以被称为新亚述帝国的奠基者。这一时期的美索不达米亚很可能已经完成了交通网络的整备——毕竟大规模的常备军需要集中大量的物资供养。

在这之后,新亚述王国英主辈出。公元前585年,乌拉尔图王国最终亡于在北方草原地带建立了第一个游牧国家的斯基泰人之手。斯基泰人中诞生了中亚地区存在时间最长的文化复合体中最重要的组成部分——发誓为了守护君主不惜献身的战斗集团。

这个战斗集团被称为扈从(comitatus,拉丁语意为陪伴),不过君主为了回馈扈从的忠诚,经常给予金银等丰厚的奖励。这也使得与文明国家之间的贸易变得不可或缺。中亚地区伊斯兰化之后,扈从集团则变为了马穆鲁克(奴隶出身的军人)。

美洲大陆方面,在约公元前9世纪至公元前1世纪期间,位于中央安第斯的美洲最初的文明——查文文化蓬勃发展。位于现今墨西哥附近地区的奥尔梅克文化也在公元前8世纪至公元前3世纪繁荣兴盛。奥尔梅克的巨石人头雕像十分有名。

奥尔梅克的巨石人头雕像

美洲大陆文明的开始时间相比欧亚大陆和非洲大陆都要迟——主要原因被认为是美洲大陆可栽培的植物以及可驯化的动物种类相对较少，农耕与畜牧的开始都落后于其他地区。与欧亚大陆的麦类与米类不同，美洲的作物主要是土豆和玉米等，同时美洲大陆没有马和牛，也没有猪和羊。

雪上加霜的是，与欧亚大陆不同，美洲大陆南北气候差异更大（南北相连的气候带与欧亚大陆不同），再加上南北美大陆的海拔差异更大（欧亚大陆中央是平坦的草原地带），交通更加不便，人员往来在物理上被制约了，这使得文明之间的交流（刺激）相对更加贫乏。安第斯文明与墨西哥文明也因此各自走向了孤立发展的道路。

希腊城邦的诞生

公元前750年前后，地中海沿岸，正是伊特鲁里亚人的城邦称霸意大利地区之时，希腊人（多里安人、伊奥尼亚人、爱奥利亚人）也在希腊半岛以及小亚细亚的爱奥尼亚地区建立起了城邦国家（polis，英语"政治"一词politics的词源）。大约有1000～1500个的城邦存在。神殿一般被建造于城邦中的高坡处（被称为阿克罗波利斯），城镇中心则会设置被称为亚格拉的广场作为政治与商业的中心。最强大城邦之一的斯巴达的面积与广岛县相当，另一个城邦雅典则相当于佐贺县的大小。

公元前747年前后，以上努比亚（今苏丹）那帕塔为都城的库施王国的国王皮耶（前747—前722年在位）镇压了新王国末期以来的混乱，开启了第二十五王朝（也被称为努比亚王朝，前747—前656）的统治。

希腊人在建设完自己的城邦之后，与自己的祖先亚该亚人一样，很快就向着黑海以及地中海地区扬帆起航。根据传说，公元前734年，科林斯建立了叙拉古（锡拉库萨）；公元前707年，斯巴达建立了塔兰图姆（塔兰托）；公元前668年，墨伽拉也在拜占庭地区建立了子邦（殖民地）。希腊（气候适合栽培果树）产的葡萄酒以及橄榄油成了畅销品。不过，这一时期的希腊人，对于地中海制海权的控制依然远逊于腓尼基人。

希腊城邦之间征战不休（例如约公元前743年至前724年，各城邦分为两派互相作战的美塞尼亚战争，以及约公元前700年发生的利兰丁战争等），没有任何向统一国家发展的倾向，不过他们却有着共同的民族意识。据说在公元前776年，为了供奉宙斯举行了第一次奥运会，同时在奥运会期间有着各城邦必须休战的习俗。奥运会也因此被称为和平的祭典。盛传的裸体竞赛只施行了一段时间而已。

希腊文明与之前的克里特文明以及迈锡尼文明一样，也受到了埃及与腓尼基文明非常大的影响。比如，希腊诸神是以居住于奥利匹斯山的十二主神为主，埃及文明的主要神明也是十二个。日本的信仰体系中守护药师如来的十二神将想必也是受到了这一影响。其他的例子还有以色列的十二部族或是伊特鲁里亚的十二城邦等,古代就确立下来的一年有十二个月等都体现出了十二是一个神圣的数字。

希腊人的神殿也深受埃及人神殿建筑风格的影响。希腊建筑以收分曲线(柱中央膨起)以及三种不同柱式(科林斯式、多立克式、爱奥尼式)流传后世,不过这些都能在埃及神殿中窥见一二。至于腓尼基文明的影响,单是字母一项就足够了。

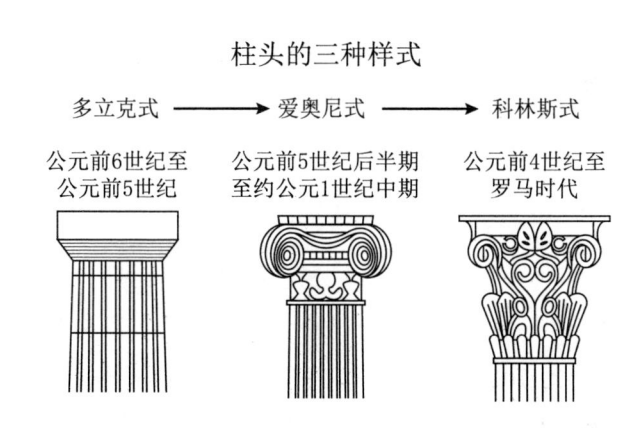

柱头的三种样式

多立克式 ⟶ 爱奥尼式 ⟶ 科林斯式

公元前6世纪至　　公元前5世纪后半期　　公元前4世纪至
公元前5世纪　　　至约公元1世纪中期　　　罗马时代

古希腊伟大的史诗,荷马的《伊利亚特》以及《奥德赛》大约诞生于公元前750年至公元前730年之间。公元前8世纪可以称之为希腊文化的井喷期,不过这很可能是因为面对地中海霸主腓尼基人的压力,希腊文化不得不展现出自己的文化特性。

伊利亚特中高贵的城邦特洛伊的血脉根据后世的传承,经由罗马一直延续至法国王室。奥德赛如同20世纪都柏林的小市民布鲁姆（出自乔伊斯名著《尤利西斯①》）一样，不断变化姿态并进入人们的视线。

顺带一提，希腊人认为自己是神话中讴歌的赫楞（为人盗火的普罗米修斯之孙）的子孙。因此，希腊人将自己称为赫楞一族（Hellenes），把自己所居住的地方称为赫拉斯（Hellas，现在的希腊语里，"希腊共和国"这个正式国名里的"希腊"发音更偏向"埃里尼基"，而俗称"希腊"的发音更偏向"埃拉斯"或"埃拉达"）。同时，蔑称周围不说希腊语的异族为蛮族②。阿契美尼德王朝波斯帝国也与希腊或是中国的华夷思想一样，形成了伊朗（文明之地）与图兰（阿姆河以北的蛮族之地）的文明观。因此，对文明地区以及未开化地区的划分，某种意义上是普遍存在的。

不过，较之中国人和波斯人，希腊人在差别方面可以称得上一骑绝尘。纵观整个世界史，都很难找出能与希腊人相当的差别主义者（在阶级、性别、人种等各种方面都颇为极端）。公元前700年前后，赫西俄德完成了《神谱》与《工作与时日》这两首长诗。

希腊神话的世界

接下来，在这儿稍微介绍一下希腊诸神。身为奥林匹斯之主的雷神宙斯（罗马名为朱庇特，以下括号内皆为罗马

---

① 这就是奥德赛的拉丁语名。
② Barbarian，原意仅为外邦人或东方人。

名），宙斯之妻天后赫拉（朱诺），雅典的守护神智慧女神雅典娜（密涅尔瓦），传令、商业以及黄泉引导神赫尔墨斯（墨丘利），海神波塞冬（涅普顿），冥界之王哈迪斯（普路托），大地女神德墨忒尔（刻瑞斯），狩猎神阿尔忒弥斯（迪阿娜）等神明都广为人知。不过，从希腊文明角度来说，最重要的神明则是阿波罗（阿波罗）以及与酿酒技术一同从色雷斯传入的酒神狄俄尼索斯（巴克科斯）。

手持弓箭的预言神阿波罗（又名福波斯）原本是北方的疫病之神，以德尔斐神谕（由脐石翁法洛斯坐镇）而闻名。丰收与葡萄酒之神狄俄尼索斯以狂乱派对与酗酒为代表仪式，他是起源自东方（安纳托利亚）宗教的主神，有着大量狂热的女性信众。他的渊源或许能追溯至埃及的奥西里斯葬祭仪式。雅典的狄俄尼索斯剧场因会上演敬献给狄俄尼索斯的悲剧（古希腊悲剧）而得名。后世的尼采也将理性的阿波罗与激情的狄俄尼索斯对照起来。厄瑞息斯秘仪（于厄瑞息斯举行的祭祀德墨忒尔的仪式）深受埃及仪式（祭祀奥西里斯神与伊西斯神等）的影响。

希腊神话世界中，处于不死众神以及难逃生老病死命运（摩伊赖，本意为分配者）的人类之间，拥有着卓越能力的英雄（赫拉克勒斯、忒修斯、阿喀琉斯等）备受推崇。同时，希腊神话也十分重视语言，即便是众神也无法收回自己说出的话。这可能正是希腊悲剧如此蓬勃发展的原因吧。

以与欧律狄刻的悲恋而闻名的俄尔甫斯，他的诗篇中有着"身体是灵魂的坟墓"这一名句，并且从中诞生出了俄尔甫斯教，从中可以看出肉体与灵魂的二元论。俄尔甫斯最终因不敬酒神而被狄俄尼索斯的狂热女信众杀死并碎尸，结束了自己戏剧化的一生，并为后世的许多艺术创作带来了灵感。例如电影《黑人奥尔菲》。

印度的部族国家

在希腊文明出现后 100 年左右的公元前 650 年前后，与希腊人同属印欧语系游牧民的雅利安人从恒河上游开始，逐渐扩张至中下游地区，并在印度建立了大量的部族制国家。在约公元前 900 年开始被使用的铁器，历经 300 年，已经在全国上下普及，并且与牛耕相结合，完成了农业生产力的大发展。这些部族国家在兼并中逐渐形成了十六个大国。

约公元前 600 年，信奉祭祀万能的婆罗门教再度发展，开始出现对内审视的思维风潮，奥义书开始大量出现。通过领悟宇宙的本质——梵，与个人的究极原理——我都是同一的（梵我一如）这一真理，就可以获得解脱。因此可以得知，至少在这一时期，雅利安人的因果报应思想与原住民的转世轮回思想已经完成了融合。

再生族（指婆罗门、刹帝利、吠舍这三个种姓）会根据此生的所作所为（业）来轮回转世（行善者会转世为婆罗门或刹帝利，作恶者会转世成为首陀罗和畜生）。达到解脱的标准，被认为是脱离轮回转世。这一想法对之后的佛教以及耆那教的萌芽起到了极大的影响。无法轮回转世的首陀罗则被称为一生族。

亚述的世界帝国

新亚述王国则依然维持着蓬勃发展的势头。公元前721年开始的100年间，新亚述王国连续出现了四位英主。萨尔贡二世（前721—前705年在位）不仅在攻陷乌拉尔图的同时带回了坎儿井的技术，还吞并了以色列王国分裂后的北部王国。同一时期的埃及则在起源于上努比亚的库施王国的统治下再次统一，古埃及的末期王朝时代（第二十五王朝至第三十一王朝，前712—前332）拉开了帷幕。

之后，辛那赫里布（前704—前681年在位）在统治时期对叛乱的巴比伦城进行了大规模的毁坏行动（前689）。第三位英主阿萨尔哈东（前680—前669年在位）认为叙利亚与巴勒斯坦地区频繁叛乱的幕后黑手是埃及（库施人的第二十五王朝），因而引兵长驱直入，甚至攻陷了第二十五王朝的首都——孟斐斯。这一事件发生于公元前671年。美索不达米亚与埃及在这一时间点首次被统合在了一个政治实体下，历史上第一个世界帝国诞生了。

不过，这一情况并没有持续很久，阿萨尔哈东班师回朝后不久，第二十五王朝就卷土重来了。阿萨尔哈东还与斯基泰人结成了同盟，后者吸收了黑海北岸的游牧民族辛梅里亚人并由此构筑起了欧亚大陆第一个游牧帝国。换而言之，阿萨尔哈东雇用了这些北方的游牧民族作为新亚述王国的雇佣军。在后世，这一情形在包含了中国等国的欧亚大陆上将屡见不鲜。

斯基泰人很可能是第一批将骑兵运用于实战的游牧民族。成本相对较低且机动力犹有过之的骑兵很快就取代了战车的地位。顺带一提，马蹄铁在公元前 2 世纪至前 1 世纪由凯尔特人发明，马镫则在公元 3 世纪至 4 世纪被中国创造了出来。位于斯基泰人游牧帝国西方的森林地带（欧洲）则面临着属于印欧语系的凯尔特人（高卢人等）的入侵。

新亚述王国在亚述巴尼拔（前 668—前 627 年在位）的治下，国势达到了鼎盛。公元前 663 年，亚述巴尼拔领兵攻陷并劫掠了上埃及的底比斯，事实上终结了由皮耶王建立的第二十五王朝在埃及的统治。第二十五王朝撤回到上努比亚的那帕塔，在这之后又南迁至麦罗埃，并且存活至公元 4 世纪。

亚述巴尼拔的浮雕像

埃及的统治则被托付给了发誓臣服于新亚述王国的塞易斯贵族——普萨美提克一世，他开创了埃及的第二十六王朝（前664—前525）。在东面，亚述巴尼拔攻占并破坏了新埃兰王国的首都苏萨，拥有着2000年以上历史的埃兰王国也终结在他的手中。

文武双全并且写下了自传的亚述巴尼拔（在猎狮浮雕上也以腰佩两支芦苇笔的形象出现）在首都尼尼微建造了一个大图书馆，同时搜罗治下所有的文献（黏土板）并存放于其中。他认为世界帝国的统治者，不仅统治着动植物（有动植物园），还理所当然地支配着过去的文献。世界上最古老的文学作品《吉尔伽美什史诗》（亚述语译本）也是在亚述巴尼拔图书馆的遗迹中发现的。亚述巴尼拔图书馆在1849年，由联合王国的奥斯丁·亨利·莱亚德（1817—1894）发现。图书馆中不仅有记录了美索不达米亚历史的历史书籍，搜集来的各类文字文献史料也数不胜数。亚述巴尼拔的名字转写为希腊语则是萨达纳帕拉。诗人拜伦勋爵误认为亚述在他的时代灭亡而写下了剧作《萨达纳帕拉》。卢浮宫所藏的德拉克洛瓦的名作《萨达纳帕拉之死》使得亚述巴尼拔在巴黎也获得了永生。

新巴比伦王国的繁荣

亚述巴尼拔死后的第二年（前626），那波帕拉萨尔

（前625—前605年在位）在巴比伦自立为王。新巴比伦王国（也被称为迦勒底王国）诞生了。公元前612年，那波帕拉萨尔与继承了埃兰王国地位的米底王国国王基亚克萨雷斯（约前625—前585年在位）组成的联军攻陷了新亚述王国的首都尼尼微，传承1400余年，算上传说中的王共传117代的亚述王国灭亡了。新亚述王国曾经成功吞并了埃及等大量领土，不过这一系列过于迅速的扩张很可能直接导致了新亚述王国内部环境的极度不稳定，最终招致了灭亡。

新亚述王国灭亡后，新月沃地又一次进入了四国并立的时代。新巴比伦王国、米底王国、埃及（兴起于塞易斯的第二十六王朝），以及小亚细亚的吕底亚王国（因在约公元前625年铸造出了世界上第一批金币与银币而闻名）互相抗衡，不过这之中新巴比伦王国开始崭露头角。

公元前605年，新巴比伦王国与为了重新夺回叙利亚与巴勒斯坦地区霸权的埃及（第二十六王朝，尼科二世）之间爆发了卡赫美士之战，尼布甲尼撒二世（前605—前562年在位）统领的新巴比伦军队获得了胜利，并且进入了新巴比伦王国的极盛时期。同时，他还征服了以色列南王国（犹大王国），大肆毁坏它的首都耶路撒冷（所罗门神庙正是此时被破坏的），同时还强迫当地居民迁往巴比伦。这一事件被称为巴比伦之囚（前587—前539）。

这一史实为意大利作家威尔第带来了灵感，身处意大利统一前夕的他创作了歌剧《尼布科》（尼布甲尼撒的意大利语转写），《尼布科》的开幕曲甚至被称为意大利的第二国歌。

尼布甲尼撒二世重建了巴比伦，并且建得更加富丽堂皇。这座城市的繁华从柏林佩加蒙博物馆所藏的伊什塔尔城门上可见一斑。同时，尼布甲尼撒二世为来自米底王国的王妃所建造的空中花园更是尽人皆知。巴别塔的灵感据说也是源自这一时期的金字塔形神庙。在被辛那赫里布破坏100年后，巴比伦城再次恢复了它的繁荣。

后世流传的有关巴比伦繁荣的传说故事几乎都出自新巴比伦王国时代。同时，新巴比伦王国以天文学十分发达而闻名，欧洲中世纪因此将占星术士与魔术师称为迦勒底人。

埃及方面，努比亚人国家——库施王国（埃及的第二十五王朝）在约公元前571年，将首都从那帕塔迁至位于苏丹更南方的麦罗埃（此后也被称为麦罗埃王国）。麦罗埃王国效仿埃及，也建造了许多金字塔。同时，位于赛易斯的第二十六王朝雇用大量希腊人雇佣兵作为军事力量，希腊地区与埃及地区之间的交流愈发活跃。

希腊城邦的发展

公元前7世纪中叶，科林斯以及阿尔戈斯城邦发明了名为法兰克斯的重装步兵密集阵型。这一阵型对事前训练的需求极高，所以城邦的公民之间由于训练而产生了极强的同胞认同感。希腊地区中，最早引入法兰克斯的斯巴达获得了极强的军事能力，成为希腊地区首屈一指的军事强邦，不过与斯巴达拥有着完全不同的政治体制的雅典逐渐后来居上。从君主制变为寡头政治的雅典在约公元前683年由执政官（Archon）统治，他的任期为一年。

在黑绘式陶器已然普及的公元前621年，雅典的执政官德拉古（约前650—约前600）制定了成文法，他的法律中否定了家族复仇权。公元前594年，梭伦（约前639—约前559）实行政治改革，他虽然保护了中小农民阶层的权利，但同时也通过财产将公民划分为四个阶级（财产评价政治，timocracy），纳税额与能担任的公职挂钩。这之后，梭伦自我放逐了十年，去往国外远游。

奠定了民主制基础的梭伦改革加强了普通公民参加政治的欲望，但同时也使得旧贵族之间的争斗愈发激烈，甚至发生了数次无法选出执政官的混乱情况。这被称为anarkhia，意为没有执政官的城市。这也是"无政府主义"一词anarchy的词源。约公元前542年，梭伦的好友庇西特拉图（约前600—前527）利用这一混乱情形，成功建立了僭主政治（至公元前510年）。这略微早于红绘式陶器普及的时期。

在公元前534年，作为博取人气政策的一环，庇西特拉图举办了敬献给狄俄尼索斯的第一回悲剧大会。正是从这一活动的参赛作品中，独树一帜的希腊悲剧诞生了。庇西特拉图死后，他的儿子继承了他的职位，但是无法压制愈发激化的政治斗争，雅典最终又变回了民主制。

在公元前508年前后，深受僭主政治之害的雅典实行了克里斯提尼（公元前6世纪后半叶至公元前5世纪前半叶）改革，同时确立了陶片放逐法（Ostracism，通过公民投票判处并流放有成为僭主嫌疑的人，且十年不得回到雅典），不过这一制度也成了众愚政治最好的工具。

另一个强大城邦斯巴达，则遵循着传说中的立法者吕库古制定的法律，是一个由专注于政治与军事的斯巴达人（斯巴达人十分重视互相之间的平等，甚至自称"平等者"）、边民庇里阿西，以及作为国有奴隶的黑劳士这三个阶层组成的城邦。

约公元前600年的希腊，正是抒情诗人阿那克里翁与萨福、自然哲学之祖泰勒斯的活跃时期。出生于爱奥尼亚的米利都的泰勒斯认为万物之始基（arche）为水。对于始基的追究，总是能引起希腊人的好奇心。以勾股定理（也称为毕达哥拉斯定理，已经被证实早在公元前2000年的美索不达米亚就已经出现）而闻名的毕达哥拉斯（前582—前496）曾在埃及求学，他认为始基即为数。传说中，他发现令人愉悦的和音与里拉琴的弦长能以简单的整数比表示，以及铁匠铺中锤子敲击的声音中蕴藏的音阶和谐，这些都使得毕达哥拉斯深信：世界的根本是由数字组成的。

泰勒斯像　　　　　毕达哥拉斯像

南意大利的城邦克罗托内诞生了以素食主义者为主要成员（不过并不否定肉食主义）的毕达哥拉斯教团，同时他们还吸收了来自东方的轮回转生思想（与释迦牟尼的佛教教团类似），这可以称为秘密结社的前身。公元前4世纪，叙拉古的教团成员达蒙和皮西厄斯之间的友谊故事，经由伊斯兰教世界流传至欧洲以及世界各地，也是《奔跑吧，梅洛斯》的原型。

可是，这种横跨数个城邦的教团组织，与希腊城邦的理念产生了正面冲突。同时，毕达哥拉斯教团对女性的态度相对平等这一点，也与希腊人的传统理念相去甚远。毕达哥拉斯因此被杀，他的教团也四处受到打压，成员也四散奔逃了。这可以说是早期历史中，国家与宗教团体矛盾的典型体现。不过，毕达哥拉斯的思想，由柏拉图开始直到开普勒的"天体音乐"，对后世产生了巨大影响。

留下了"万物皆流（panta rhei）"这一名言的赫拉克利特（约前540—约前480）则认为火是万物的根源。泰勒斯到赫拉克利特这一脉自然哲学被称为"爱奥尼亚哲学"。恩培多可勒（约前490—约前430）则认为始基由火、水、土、空气四种微粒组成。德谟克利特（约前460—约前370）提出了原子（atom）论。自然科学正是这样一步步诞生的学说。

春秋五霸

欧亚大陆的东方，春秋时代拉开了序幕。东迁之后的周王室的势力衰落，只能实质性统治首都雒邑周边的区域，因此会盟改由势力强大的诸侯（霸主）主持，他们同时高举"尊王攘夷"的大旗致力于维护秩序。中国比起欧洲更为幅员辽阔，因而从新石器时代开始就分化为了9～10个独自的文化区域。现代汉语也存在互不相通的7～10个方言种类。因此，会盟从某种意义上来说可以算得上是国际会议（诸侯同盟）的一种。不过，即便言语不通，因为汉字这一通用文字已经普及，所以会出现签署盟书这一形式。

会盟中会通过啜饮或在嘴唇涂抹牛耳血的方式以示诚意，从中诞生出了执牛耳这一词语。这一时期组织起强有力诸侯同盟的共有五人，所以被称为春秋五霸。普遍认为霸道逊于王道，因而也许五霸这一词语本身就蕴含着低王一级的意义。春秋时代与之后的战国时代不同，称王号是周王室的特权这一意识依然存在。

最初的霸主是齐桓公。他起用了名相管仲，在管仲的辅佐下，一共召开了九次会盟，成功维持了当时的秩序。这之中可能反映出了身为东方大国的齐已经成功将势力渗透进入中原地区。在他之后，经历了十九年流浪生活，以六旬高龄即位的晋文公（重耳）成功阻止了南方大国楚国北上（公元前632年，城濮之战）的势头。春秋时期诸侯国之间的关系，总而言之就是以南北对立（楚对齐或晋）为基调的。

春秋五霸

齐桓公（前685—前643年在位）
晋文公（前636—前628年在位）
楚庄王（前613—前591年在位）
*以下说法不一
宋襄公（前651—前637年在位）
秦穆公（前659—前621年在位）
吴王阖闾（前515—前496年在位）
吴王夫差（前495—前473年在位）
越王勾践（前496—前465年在位）

第三位则是楚庄王。楚庄王在持续了三年"不鸣则已"之后一鸣惊人，展现出了英主风范，在公元前606年，兵锋直指东周首都雒邑。"问鼎中原"正是发生在这一时期的事件。以上三人是无可争议的霸主，之后则分为计入宋襄公与秦穆公以及计入吴王阖闾或吴王夫差与越王勾践这两种说法。

五这个数字也许暗合之后出现的五行学说，春秋时期名副其实的霸主也许只有齐桓公、晋文公、楚庄王三位。总之，春秋时代，周王室名义上依然是天下共主，但是围绕着中原地区的控制权，北方的齐、晋与南方的楚之间互相争斗，而掌控了中原地区的诸侯国在外交舞台上握有主导权。

据说在春秋时代初期存在大小诸侯国（城邦）250余个。

阿契美尼德王朝带来的全球化

新月沃地的四国并立时代并没有持续很久。臣服于米底王国的波斯人在居鲁士二世（大帝，前559—前530年在位）的领导下举兵反抗宗主，接连吞并了米底王国（前550）、吕底亚王国（前546）、新巴比伦王国（前539）。西方并没有中国那样的文书行政制度，因此统治一个庞大的帝国更加依赖类似于亚述巴尼拔或尼布甲尼撒二世那样的英主的个人才能与魅力。一旦失去了英主的统治，国家就会变得极为动荡不安。这与初创企业如果要进一步飞跃，就必须建立有效的组织是一个道理吧。公元前539年，居鲁士大帝释放了巴比伦之囚。这些犹太人返回故土建造了第二圣殿。

不过，当时的巴比伦可以比作如今纽约之类的大都市，而犹太人的故乡耶路撒冷只能算是不发达的乡村。距离沦为巴比伦之囚已经超过了五十年，这批犹太人已经发生了世代更迭。事实上，有许多犹太人是自愿留在巴比伦生活的。这就是流散（diaspora）的开始，不过与从故乡被驱逐不同，他们是自己选择成为没有故土的国际性民族的。居鲁士大帝保留了亚述帝国的常备军制度、法律制度、官僚体系、交通道路网络，为这个世界性帝国的长期安定打下了坚实的基础。

继任的是冈比优斯二世（前530—前522年在位）。他在公元前525年迫使埃及臣服于他（埃及第二十七王朝由此创立，延续至公元前404年），从这时开始，一个完全控制了欧亚大陆中部、横跨埃及至印度河流域的世界性帝国出现了。这个由居鲁士大帝建立的持续了大约200年的王朝被人们称为阿契美尼德王朝（波斯语为Haxāmaniš，哈卡玛尼修王朝）。波斯人可能认为自身仅占帝国人口的极小一部分，所以尊重所有的宗教与文化习俗，几乎一直贯彻着民族包容政策。

阿契美尼德王朝对祆教（音译为琐罗亚斯德教）持保护态度。这个宗教由琐罗亚斯德（约出生于前1300—前1000，波斯语发音为查拉斯图斯特拉）将伊朗人的多神教（与印度的吠陀诸神几乎一致）辅以伦理色彩，构筑出了善恶二元论的宗教，对阿胡拉·马兹达的崇拜以及因果报应论是这一宗教的支柱。全知全能的阿胡拉·马兹达之下的善神斯彭塔·曼纽与恶神安哥拉·曼纽之间的战场就是人世，最终善神将获得胜利并由阿胡拉·马兹达进行最后的审判。

【琐罗亚斯德】

创设了人类史上第一个世界性宗教的琐罗亚斯德被认为出生于伊朗东部地区（也许是巴克特里亚地区）。普遍认为他的出生时间在公元前1300年至公元前1000年之间，不过也有说法认为可以推迟至公元前7世纪。家境相对富裕、享受着人生的琐罗亚斯德，在二十岁时离开家乡，成为一个四处旅行的旅人。

他在大天使瓦胡曼的引导下登上了天山，并与亚沙（正义、真理）之主阿胡拉·马兹达交谈了十年之久。这之后，琐罗亚斯德创立了新兴宗教：严禁向伪神供奉牺牲牛与毫麻（神酒，苏摩），尊奉阿胡拉·马兹达为世间唯一一位至高神，同时秉承善恶必须由人类自行抉择的理念。

他们尊崇火焰（基本上灶火为方形，祭火为圆形），手持着能出产香脂的树枝，并且供奉牛奶、蜂蜜以及水。这就是祆教。人死后（通常为天葬），需要在钦瓦特桥（筛选之桥）上衡量生前的善行与恶行，善良的人将被引导去乐曲之屋，邪恶之人的灵魂则会坠入桥底的黑暗之中。同时，祆教宣称在最终的审判降临之后，人类将会复活。

追求正义与清净的祆教在当时看来是十分革新的。同时，该宗教并不认同男女之间的差异，在古代看来也是划时代的观点。虽然祆教的经典《阿维斯陀》大部分已经散佚，但是在颂歌《伽萨》中依然可以感受到琐罗亚斯德的气息。祆教的圣数是三十三，与佛教的三十三天相同。阿胡拉·马兹达通常被描绘为站立于鸟翼圆盘之内的形象，鸟翼圆盘同时又是埃及荷鲁斯神的象征之一，再加上祆教具有的明确的来世观，古代波斯文明与古埃及文明之间的文化交流之深可见一斑。

阿胡拉·马兹达之后与斯彭塔·曼纽被视为同一位神明。阿胡拉·马兹达同时也是神授王权象征——神圣圆环（Khvarenah，意为无限之光，无尽之光）的神明。天使、感召受孕、新年祭典（诺鲁兹节）以及万灵节（将被称为佛拉瓦齐的死者之魂，也就是守护神，召回生者身边的祭典，被认为是盂兰盆节的起源）都起源于祆教。祆教祭司们的称呼与米底王国的祭司阶层（单数为magi，复数为magus）相似，被称为玛格（mag或mgwy）。

耶稣降生的传说中登场的东方三博士正是所谓的玛格。中世纪时期，三博士被分别赋予了各自的名字与形象——亚洲人加斯帕献上了没药，黑人巴尔萨泽献上了乳香，白人梅尔基奥尔献上了黄金。玛格同样也是魔术（magic）一词的词源之一。

琐罗亚斯德作为人类史上第一个世界宗教的创始人，永远散播着自己的影响。拉斐尔的《雅典学院》、莫扎特的《魔笛》和尼采的《查拉图斯特拉如是说》中都有着琐罗亚斯德的身影。

阿契美尼德王朝的第四代君主大流士一世（大帝，前522—前486年在位）虽然得位不正（通过与冈比西斯二世的王妃阿托撒结婚继承王位），却是一位稀世的英主，在国家建设上颇有建树，也是在他这一代，波斯帝国成为人类的第一个全球化世界帝国。他建设了被称为波斯御道的国道，同时还完善了驿站体制。被希腊人称为angarium的波斯信差可以在七天之内从远在小亚细亚的萨第斯（吕底亚王国的旧都）抵达帝都苏萨，全程大约2400千米。

大流士一世将庞大的帝国划分为二十个行省，并且统一了行政与征税单位，同时任命了各地方的行政长官（总督，satrap，多数情况下直接任命当地自古以来的权贵），不过他同时也派遣"王之目"（巡查官）与"王之耳"（密探）巡回各个行省，以确保自己的统治行之有效。波斯人虽然拥有着自己的波斯语，但是大流士一世毫不犹豫地选择将通用语阿拉姆语指定为帝国的官方语言。普通的君王大多都会选择自己民族的语言作为官方语言。这一举动也透露出了大流士一世的不凡。

他还在高原地区继续建造坎儿井（地下水道）发展农

业。波斯甚至被称为拜坎儿井所赐的国度。顺带一提，坎儿井（qanat）与英语的运河（canal）似乎共享同一词源。

大流士一世大规模铸造优质的金币与银币（总督也拥有银币的铸造权），帝国内的商业活动也极为活跃，人类第一次感受到了全球化的恩惠。以希腊人为首的周边世界的民族，为了寻求荣华富贵，聚集到了大流士一世的身边。从文化融合方面来看，这也可以说是希腊化时代的开始。中亚的绿洲地区，诸如梅尔夫、撒马尔罕等城市也作为交易据点逐渐发展。之后的罗马帝国想必也参考了这个人类历史上第一个世界帝国所留下的理念与基础政治框架吧。

帝国的首都苏萨，夏季行宫埃克巴塔那（米底王国的旧都），冬季行宫巴比伦，以及新年庆典等仪式用的行宫波斯波利斯等主要都市都聚集了大量的财富。大流士一世效仿1700年前阿卡德帝国的纳尔姆辛的"四界之王"称号，自称为"万王之王"（音译为沙阿沙）。如今，在波斯波利斯的遗址中依然可以看到当年这些城市的富丽堂皇。现今在结婚典礼等仪式中使用的冠状头饰，曾经是波斯帝国的传统饰品。

【万王之王】

大流士一世后，历代古波斯帝国君主所使用的称号。继阿契美尼德王朝后的帕提亚帝国（阿萨息斯王朝），在米特里达梯二世（前123—前91或前87年在位）确立了帕提亚帝国强权地位后也采用了这一称号。自称继承了阿契美尼德王朝血统的萨珊王朝则从开国之君开始就自封为万王之王了。

第五章

第三个千年后半期的世界
（公元前500年—公元前1年）

第三个千年后半期的时局，阿契美尼德王朝时期的世界帝国波斯与其西部接壤的希腊文明之间爆发了希波战争。这场战争一直持续至亚历山大大帝篡夺了波斯王位为止。

尚处于群雄割据时代的希腊、印度以及中国在文化方面出现了百家争鸣的盛况。苏格拉底、柏拉图、亚里士多德、民主政治、六十二见、耆那教、儒家学说、道家学说以及诸子百家等不胜枚举。这个时代当之无愧地成为人类文化史上的黄金时代。

当时，中国、印度、希腊的人们试图探明所有的事物，甚至可以说，现如今人类所能想到的事物，在当时都已经存在着相同的思考。20世纪的哲学家卡尔·特奥多尔·雅思贝尔斯（1883年2月23日—1969年2月26日）将这个时代称为"轴心时代"。城邦文明繁荣，自然环境受破坏的程度也进一步加深，这一背景也许就是使得人类能将更多时间花在思考上的契机吧。

这一时期的欧亚大陆气候大幅好转，铁器的广泛普及使农业生产的效率大幅上升，这些因素使得人类进入了史上最高速的成长期。这之后，中国与印度也出现了大一统帝国。在西方，在与迦太基的战争中获得胜利的罗马开始走向兴盛。由此，中国、印度、波斯、罗马的四大帝国体制得到了确立，新月沃地失去了保持了数千年的绝对优势。

希波战争

大流士一世业已征服了帝国东端的犍陀罗地区，印度西北部也相继表示了臣服，接着他将目光看向了帝国的北方。那里是斯基泰人的领土。大流士一世派遣了庞大的舰队封锁了黑海，陆军则跨过达达尼尔海峡，渡过多瑙河深入斯基泰人的腹地。但是，斯基泰人的领土北方有着辽阔的草原地带作为战略纵深，他们诱敌深入的同时实行焦土战术。

智慧的大流士一世觉察到了斯基泰人的意图，他撤回了大军并延后了向北扩张的计划。同时，他认为斯基泰人短时间内也不会再兴刀兵。那么，剩下的扩张方向就只有帝国西方的领土了。腓尼基人、希腊半岛东部以及小亚细亚的以弗所、米利都等诸城邦很快就认可了帝国的宗主权，但是独立之心极强又好勇斗狠的雅典等希腊半岛西部城邦的反应则完全不同。

因此，大流士一世在公元前490年，命令军队于雅典近郊的马拉松平原登陆，然而波斯军队中的骑兵与弓箭手并不擅长在狭窄的地形中作战，最终在米太亚德指挥下的雅典重装步兵密集方阵前一败涂地。信使从马拉松出发前往雅典通报喜讯，正是后世马拉松长跑运动的起源。

大流士一世

雅典以这场大胜为契机，逐渐取代了斯巴达在希腊地区的强势地位。公元前483年，雅典在拉夫里翁银山发现了新的矿脉，雅典的执政官地米斯托克利（前524—前459）为了防范波斯帝国，将这一笔收入全部投到了舰队的大规模建设计划中。

波斯帝国的第五代皇帝薛西斯一世（前486—前465年在位）再度派出了庞大的远征军，意图征服尚未臣服的希腊半岛西部。公元前480年8月，斯巴达国王列奥尼达率领的斯巴达军队在温泉关战役中浴血奋战，最终全军覆没。雅典将领特米斯托克利收到这一战报后，决定将所有雅典居民转移至萨拉米斯等海岛上，将雅典城拱手让给波斯军队，并决定在海上孤注一掷进行决战。9月，在萨拉米斯海湾，虽然薛西斯一世亲自在山丘之上观战，但是雅典海军大胜了波斯军队，波斯帝国的野心彻底破灭了。此战之后，波斯帝国将战略重心转移到了成本较低的外交层面上。

希腊地区的地势从根本上来说就不适合大规模军队的集合以及物资的调配。连续两次失败后，波斯帝国也明白了希腊城邦穷鼠啮狸的决心。况且，波斯帝国主要的假想敌是在北面统治着辽阔草原的斯基泰帝国，而不是城邦林立的希腊半岛。波斯帝国与斯基泰帝国这两个国家，正是将来主导欧亚大陆命运的两种国家形态的雏形——农耕帝国与游牧帝国。

列奥尼达在温泉关（雅克-路易·大卫绘）

希腊的诸城邦为了防备波斯的再次入侵，于公元前478年成立了以雅典为盟主的提洛同盟。这之后，希腊与波斯之间依然发生了数次小摩擦，公元前449年，雅典人卡里阿斯出使波斯并签订了和约（卡里阿斯和约）。提洛同盟失去了原有意义，不过雅典其实已经通过各种手段利用提洛同盟强化了自己的霸权，例如公元前454年，雅典将位于提洛岛的同盟金库转移至了雅典城。

以希波战争为契机，东西方之间的交流更加频繁。与战争的胜负不同，波斯通过外交手段，成功确立了自己在希腊地区的优势地位。后来被称为"希腊化"的东西方文化的融合交汇，正是在这时候开始加速展开的。

同一时间，腓尼基人的殖民城邦——迦太基在西地中海地区扩张势力，并且将西西里岛的西半边收入囊中。对于有望统一西西里岛的东部希腊殖民城邦锡拉库萨，迦太基趁希波战争之际派出了一支远征军，但是在公元前480年的希梅拉战役中被击败，迦太基的扩张势头一时消退了。

以亚平宁半岛中部为大本营的伊特鲁里亚人与南部的希腊殖民城邦（大希腊地区）之间的对立也日渐激烈。公元前474年，锡拉库萨的僭主希俄隆一世率领他的舰队在库迈之战中击败了伊特鲁里亚人的舰队，并夺取了第勒尼安海的控制权。

公元前471年，迦太基航海家汉诺航行至遥远的西非海岸，并发现了名为哥利拉的部族。也许他还带回了一些当地特产的陶制工艺品——当时的撒哈拉南部，已经出现使用铁器的痕迹，位于西非尼日利亚中部的诺克文化蓬勃繁荣，他们以动物或人物的陶像闻名。

公元前5世纪初，位于黑海北岸的克里米亚半岛亚速海沿岸地区，希腊殖民城邦发展成了博斯普鲁斯王国（公元376年亡于匈人部族）。约公元前433年即位的萨提洛斯一世（在位至公元前389年）致力于欧亚大陆中部的游牧民与希腊城邦之间的中转贸易，王国借此积累起了大量的财富。

佛教的创立

希波战争之际的印度，以恒河中下游流域为中心，部族共和国或部族王国等十六大国（城邦国家）繁荣昌盛。伴随着轮回思想的渗透，大量厌恶永世轮回之苦，试图寻找解脱之道的出家之人出现了。受到奥义书哲学的影响，与中国诸子百家相似的被统称为六十二见（六十二即多数的意思）的思想家们诞生了。

印度与希腊或是中国相比，文献资料相对匮乏，因而六十二见具体的活动尚不清楚。不过，可以肯定的是，当时诞生了诸多见地独到的思想家，例如否认灵魂的存在，认为世界是由水火土风四元素以及虚空组成的唯物论之祖阿耆多·翅舍钦婆罗。诸如此类的六十二见们的活动，为佛陀以及伐达摩那等思想家的诞生提供了沃土。

最终，十六大国之一的摩揭陀国强大了起来，在庇护佛陀的频毗沙罗王（约前546—前494年在位）以及阿阇世王（约前493—前462年在位）父子两代的统治之后，终于吞并了恒河上流的宿敌——憍萨罗国。在从属于憍萨罗国，现尼泊尔蓝毗尼的释迦族王族，乔达摩·悉达多（前563—前483）出生了。他出家后感悟成为佛陀（觉者），创立了致力于用智慧寻求解脱人间疾苦（生、老、病、死四苦）的佛教。佛陀认为，实践了八种正道（八正道），抛却欲望（烦恼）后，灵魂就可以得到解放（解脱），就能够达到涅槃（寂灭）的境界。

佛陀在大树之下开悟成为觉者，那棵树被称为开悟树（bodhi），即菩提树。佛教与闪族系一神教的区别在于，佛教是建立在时间永远循环这一概念上的，而闪族系一神教的时间与空间概念则是直线型的（有限的），以神创造世界开始，再以最后的审判结束。与佛陀几乎同一时期，出自摩揭陀王族的伐达摩那（前544—前473）则创立了重视不杀生（ahimsa）与禁欲等肉体上的苦行来获得解脱的耆那教。他被称为摩诃毗罗（mahavira，意为伟大的勇者）、耆那（jina，意为胜者）。

当时的印度与希腊一样，只要有风吹草动，婆罗门就会杀牛献祭众神。牛是重要的生产力，这一行为自然使得商人等新兴阶级暗怀不满。而这一现象正是宣扬不杀生的耆那教与佛教快速传播的主要推手。

不仅如此，对于以贸易为生的商人阶级而言，佛教与耆那教无视种姓制度，宣扬众生平等，反对战争等教义与他们更相宜。他们自发地为大竹林精舍（位于摩揭陀国都王舍城）以及祇园精舍（位于憍萨罗国都舍卫城）的建造提供钱款物资等方面的支持。精舍可以类比为基督教的修道院。

佛陀还是世界宗教史上第一位承认女性出家者的人。换而言之，佛陀不认为男女之间存在差异。这份见解在希腊人或是雅利安人的社会中是十分少见的。希腊人来到印度之后，惊讶于印度有女性思想家存在，这正是佛陀埋下的种子。

现如今，佛教在印度的影响力几乎已经消失殆尽。不过，印度教依然保持着对牛神圣视的习惯。印度的富裕阶级中，耆那教徒的占比也不可忽视。最新的观点认为，佛陀或是伐达摩那的生卒年可以应该再推迟100年左右。

佛陀入灭之后，五百罗汉（五百位得道高僧）进行了佛经结集（编纂佛典），并将佛陀的遗骨（佛舍利）分至八国的宝塔之中，佛塔（窣堵波，日本五重塔的前身）崇拜开始流行。同时，佛陀是因为前世的善行才能开悟证道这一说法，使得民间开始出现以佛陀前世为原型的故事，并最终诞生了《本生谭》一书。佛陀逐渐开始被神化，佛陀传记开始出现，罗列由佛陀引发的奇迹。随着时间的推移，崇佛的趋势愈发明显。

吴越争霸

佛陀四处活动的时期，位于中国南方的吴越两国开始呈现水火不容的态势。这两个诸侯国依靠生产效率较高的水田耕作以及渔业捕捞，一跃成为大国，不过吴国相对重视内陆河川贸易，而越国的重心则在海上交易通道，所以这两个诸侯国对立的本质是为了争夺对华北地区贸易的主导权。公元前515年，吴王阖闾（在位至公元前496年）即位，他招揽了因《孙子兵法》而闻名遐迩的孙武（他的后裔孙膑可能也参与了《孙子兵法》的编纂）和楚国著名的谋臣伍子胥（因开棺鞭尸的行为而饱受争议，是一位性烈如火的军事家），吴国的势力迅速壮大。

公元前506年，吴王阖闾甚至率军攻陷了大国——楚国的都城。可是，公元前496年，吴王阖闾在与刚刚即位的越王勾践（在位至公元前465年）的战争中受伤而死，他的儿子夫差（前495—前473年在位）继承了王位。夫差回国后励精图治，终于在公元前494年击败了勾践。这一次，轮到勾践卧薪尝胆，隐忍不发了。勾践得到了名士范蠡的辅佐，通过献上美女西施等手段苦熬了二十年，最终在公元前473年攻灭了吴国。不过，越国也许也在这场长期战争中弹尽粮绝了，没过多久楚国就吞并了越国。

不过，不管怎么说，吴越之间的激战，通过"吴越同舟"和"卧薪尝胆"（勾践一人的故事，不过有说法认为"卧薪"是吴王夫差所为）等成语故事一直流传至今。顺带一提，勾践的谋臣范蠡在留下了"狡兔死，走狗烹"这句名言后就离开了勾践。有传说称他化名陶朱公到了山东，并在那里成了一位大富商。

越族是隶属于壮傣语支的民族，他们很早就通过航行等途径进入了山东地区（琅琊等地）。以前日本学术界认为，就是这一支民族经由朝鲜半岛南部将水稻种植技术带入了日本（即所谓的弥生人），不过近年的研究表明，水稻种植技术传入日本最早能追溯到公元前 10 世纪。

孔子的教诲

儒家的创始人孔子（前 551—前 479）是一位身高超过两米的壮士，他和佛陀生活在几乎同一个时代。孔子出生于周公旦子孙的封国——鲁国，他推崇祖先崇拜和身份尊卑，并且认为应该施行以仁（仁爱）为主的政策。孔子为了使自己创造的礼法体制更加具有权威性，巧妙地借用了上古圣王（尧舜禹汤等传说中的圣君，以及周文王、周武王、周公旦等贤王的系谱），他强调自己与周文王、周武王一样五十而知天命，以此来宣传自己。

孔子为了实现自己恢复古代理想政治的理念而周游列国，但是没有君王认同他的政治理念。不过，对于孔子的思想与见解，各国君王依然是乐意听取的。春秋战国时代，任用他国的优秀人才可以说是司空见惯的。这一社会环境正是诸子百家这一空前绝后的文化盛况的基础。

晚年的孔子回到了鲁国并致力于教书育人。孔子的弟子们收集了孔子的言行后编纂成书，这就是《论语》。论语中的孔子，有着如游侠一般重勇猛、讲义气的一面，还有着诸如重礼仪、讲仁爱的思想家等各种形象。史书《春秋》（记录内容止于公元前 418 年。春秋战国时代的春秋正是取自于它）传说是由孔子所书，不过正如之前所述一样，《春秋》大概率是在齐国成书的。

孔子像

《诗经》（记录有305篇歌谣）与《尚书》（古代贤王们的言行录，日本的"昭和""平成"等年号都取自此书）相传也是由孔子编纂的。《春秋》《诗经》《尚书》，再加上《易经》（自古相传的占卜术智慧的升华，大约于西汉时期成书）与《礼记》（西汉时期对古代礼制的汇总），即儒家的五经。当时，纸尚未被发明，主要使用的载体是竹简。行书简洁的《春秋》存有数部注解书，《左传》《公羊传》《穀梁传》等都是为各国王位的正统性服务的。

孔子的子孙世代居住于鲁国都城曲阜，他们是最古老的圣人家族，历朝历代都致力于庇护孔氏家族。满腹学识之人（圣人君子）方可为政这一孔子的教诲也逐渐变为了中国统治阶级的传统（原则）。

雅典之春

与波斯帝国签订合约（卡里阿斯和约）之后，雅典挪用了提洛同盟的资金，于公元前447年开始建造帕特农神庙（公元前432年落成）。据说这一工事是由天才建筑家兼雕刻家菲迪亚斯负责的。菲迪亚斯雕刻的雅典娜像由黄金与象牙制作而成，这一雕像虽然已经遗失，不过我们依然可以从各种文字记载中窥见菲迪亚斯的鬼斧神工。

翌年，公元前446年，雅典与斯巴达这个宿敌达成了为期30年的和平协定，雅典进入了极盛期。这一时期雅典的四德拉克马银币（正面是雅典娜女神的头像，背面则是雅典的象征猫头鹰）质量极佳，在地中海区域广泛流通。

四德拉克马银币

伟大的政治家伯里克利（前495—前429）领导着全盛时期的雅典。伯里克利为政府官员提供工资。在这之前的政府官员都是没有工资的，这使得只有富裕市民层能担任公职。雅典虽说是直接民主制，不过只有成年男性公民有权参政，而女性和占人口四成以上的奴隶，即便与后来的罗马帝国等相比，地位也是极度低下的。男性公民能参加宴饮（symposion，"研讨会"一词symposium的词源），在那里畅谈、享乐（也有龙阳之好的行为），女性则只有交际花能参加。

伯里克利像

事实上，雅典人口中只有10%左右（雅典人口的峰值大约为25万人）能参与到政治活动中，换言之，这是有身份限制的男性政治沙龙。"民主自由的希腊"对抗"专制统治的波斯"这种看法是十分片面的，我们也许应该更审慎地去看待这个问题。在当时，说不定斯巴达实施的二元君主专制比波斯的专制统治更加声名狼藉。

不过，从文化发展层面上来看，这个时代的雅典甚至可以说是空前绝后，甚至在人类史上也是极为稀有的。恰恰就在同一时期，战国时代的中国也出现了百家争鸣，印度则是处于六十二见的活动时期。欧亚各地步调一致地出现了这种文化繁荣的景象，说是人类史上的一大奇迹也不为过。

这一时期的雅典在建筑、雕刻、悲剧、哲学、医学等领域都达到了巅峰。记述了希波战争的历史之父希罗多德（小亚细亚的哈利卡纳索斯人，前485—约前420），亲历伯罗奔尼撒战争后将其编纂成书的历史学家修昔底德（前460—

前400），悲剧诗人埃斯库罗斯（前525—前456）、索福克勒斯（前497—前406）以及欧里庇得斯（前480—前406），喜剧诗人阿里斯托芬（前446—约前385），苏格拉底（前480—约前406），医圣希波克拉底（科斯岛人，前460—约前370）都活跃于这一时期，可谓人才辈出。

同时，被称为智辩家（sophistes）的职业出现了，他们是一群精于修辞与辩论的人。例如留下"人是万物的尺度"这一名言的普罗泰戈拉（前485—约前415）就是一位著名的智辩家。他们向人们传授民主政治中所必需的辩论技巧，苏格拉底被认为可能也曾是一名智辩家。苏格拉底用反诘法解释"无知之知"（我们什么都不知道），他一直追根溯源，从此以后，哲学的重心转向了人的内面。值得注意的是，他们虽然平时是普通公民，但是在战时需要履行公民的义务，拿起武器为雅典而战。

埃斯库罗斯参加了马拉松之战，苏格拉底也曾在三场战争中立下功勋。也许正是这连波斯帝国都不曾使其屈服的自信以及昂扬的精神，才催生出了如此璀璨的古典时代吧。某种程度上，希腊城邦与古代美索不达米亚的城邦类似，具有浓烈的"战士集团"色彩。

公元前431年，雅典与斯巴达之间爆发了伯罗奔尼撒战争（公元前404年，以雅典的战败收场），雅典城内还出现了大规模的疫病（伯里克利最终也死于这场疫病之中），同时还实行了由亚西比德（前450—前404）提出的无谋的西西里远征等。雅典虽然彻底失去了政治上的霸权地位（城邦内掌握权力的是一群被称为煽动政治家的人），但是依然维持着文化中心的地位。

古典时代的严整静谧逐渐消失，对华丽技艺的追求占据了上风。经济与政治上的繁荣与文化的绚烂之间似乎存在着时间差。例如后世文艺复兴时期的美第奇家族也是如此，类似的现象在历史上还存在着许多。

深受毕达哥拉斯教派影响，同时又是苏格拉底弟子的柏拉图（前427—前347）在公元前387年创设了柏拉图学园（Academeia，意为自己的教团，是英语中"学院"一词academy的词源）。柏拉图提出了二元论：现实世界的背后有着被称为"理念"的雏形存在。他留下了《斐多篇》《理想国》等多部著作，这些都是西方哲学的源头。也因此有"所有西方哲学都只是柏拉图的注脚"（阿尔弗雷德·怀特海）这样的说法。

苏格拉底没有留下任何作品，因此他的言行与思想主要依靠他的弟子柏拉图或是色诺芬（约前427—约前355）等人的作品流传至今，也就是说，柏拉图等人很可能对此进行了润色（例如将苏格拉底与智辩家放在对立面）。柏拉图与孔子一样，很有政治抱负，他试图介入锡拉库萨的政治，不过并无成果。顺带一提，沉没的大陆亚特兰蒂斯也是首见于柏拉图的著述中。

活跃于公元前4世纪中叶的雕刻家普拉克希特列斯，基于希波克拉底的成果（人体解剖学），创作出了栩栩如生的希腊雕像。虽然原件已经全部遗失了，不过梵蒂冈博物馆所藏的《克尼多斯的阿芙洛狄忒》被认为是优秀的复制品。这座像的原件同时也是历史上第一尊裸体女性雕像。

柏拉图的弟子亚里士多德（马其顿人，前384—前322）则认为，在"理念"之前，现实已经存在了。他在逻辑学、伦理学（《尼克玛格伦理学》）以及自然科学（尤其是生物学）都甚有造诣，以至于他被后世称为"万学之祖"。亚里士多德还是亚历山大大帝的家庭教师，他在公元前335年于雅典开设了自己的学园——吕刻昂学园。柏拉图学园与吕刻昂学园一直存续至公元529年查士丁尼一世下令关闭所有非基督教学校为止。它们作为最高级别的文化学府存在了900余年。柏拉图与亚里士多德的著作一直流传下来，这两人的影响力之强是毋庸置疑的。收藏于梵蒂冈的名画《雅典学院》中，就描绘有指向苍天的柏拉图与指向大地的亚里士多德。

雅典学院（局部　拉斐尔·桑西绘）

战国时代的开始

关于战国时代的开始时间有数种说法，本书采用了春秋时期的强国、周武王之子的封国——晋被麾下赵、魏、韩三家公卿（即三晋）分割的年份，即公元前403年作为春秋时代与战国时代分水岭的说法。这一观点出自《资治通鉴》。

另一种有力观点则将周天子承认赵、魏、韩三家为诸侯这一时间点作为战国时代的开始。春秋时期的超级大国——晋的灭亡最终成了豫让的勋章，"士为知己者死"（"知己"一词出于此）即出自他口。豫让的主君智伯瑶于晋阳之战中战死，豫让虽然为其报仇未果，不过他的经历依然被《史记》收录于《刺客列传》中，他与荆轲齐名。

战国时代的主角是被称为战国七雄的七个大国。赵、魏、韩、燕、齐、秦、楚七个大国地位的确立，使得周王室和其他小国的存在感更加微弱。战国七雄的国君们都宣称自己获得了天命，自称为王（不过，南方的楚国自春秋时代开始就自称为王，也许是因为地理位置，周王室的权威在南方并没有受到重视）。诸侯们由此彻底摆脱了周王室权威的束缚，可以自由地施展拳脚了。

不过战国七雄称王的主张依然是源自夏商周各代，并没有完全脱离天命这一说法。对于七雄来说，自己的领土是中国（中华），其余的地方都是夷狄。以本国为第一的中心思想（小中华思想）将在下一本讲到东亚册封体系时着重讲解，这一思想最终蔓延到了日本等周边国家。

进入战国时代后，铁制农具已经广泛普及，再加上牛耕技术的出现，农业的生产力取得了质的飞跃。西方的铁器制造始于锻铁，相对的，中国则是铸铁。铸铁更加需要合理控制高温的技术，不过中国已经开发出了风箱与坩埚。这正是青铜器高度发达带来的产物。不过，过于专注青铜器工艺使得中国的铁器生产开始较晚，这一点也是不可否认的。

铁器的广泛使用使得水田逐渐被修整为方形，生产效率又一次得到了提升。这直接导致了各国出现了人口激增的现象，为战国七雄动员大规模的军队提供了人力。当然，随之而来的便是对自然环境的破坏。商代的中原地区尚存在大量的森林，看见老虎或是犀牛更是稀松平常。随着城市化的进程，树林的规模、数量急遽缩小、减少。河川泛滥与自然环境被破坏也不无关系，大禹治水的传说应运而生。商业活动也活泛起来，贝币（宝贝、子安贝）和青铜币（刀币、布币、蚁鼻钱、圜钱）开始流通，社会极早地出现了货币经济。

战国时代是中国历史上屈指可数的高速成长期，这一时期内，森林与沼泽被开发，黄河变得浑浊，黄土高原进一步干燥化。同时，汉字的性质开始由祭祀文字转变为了行政文字（这一转变过程持续了1000多年），各国都建立起了以王为顶点的律令法律体系，通过官僚进行统治的文书行政开始了。换句话说，文字的主要使用者从祭司变为了官僚。

有一部分厌恶朝堂的文人，则加入了诸子百家。文书行政制度确立之后，首都官僚、地方官僚、被管理的民众这三个阶级自然也就划分了出来。这就是上人、中人、下人的渊源。顺带一提，律和令的区分（律即刑法，令即除此之外的民法）则是在700年后，在公元3世纪的晋朝之后确立的。

就这样，汉字在全国范围内传播了开来，文字史料也因此变得极为丰富。虽然容易引起误解，不过战国时代的著作实则是在西汉时期被成体系地编纂整理而成的。因此，阅读相关史料时一定要注意区分这是战国时代的观点还是汉朝的观点。

战国时代同时也是中国都市国家的终结期，这一时期开始出现了囊括了各个新石器时代文化地域的领域国家。春秋时代的战争，即使击败了一个国家，顾虑到祭祀祖先，很少会直接毁灭或吞并它，而到了战国时代则逐渐没有了这种顾虑。被击败的国家只有被吞并这一个结果。因此，随着铁制兵器的使用（不过铁器并没有完全取代青铜器，锋利的青铜兵器直至秦始皇时期还在使用），战争也更加激烈残酷。

战国时代最早称霸的是魏国的魏文侯（前445—前396）。魏国控制着包括解池（今山西省的盐湖）在内的中原地区，拥有着经济实力（垄断了盐的贸易）与地理优势，同时还起用了名将吴起（前440—前381）并击败了强国之一的秦国。吴起训练的军队配备有最新式的武器——弩，可以说是当时最强的军队。吴起后来还帮助楚悼王改革国政，并作为兵家的一员留名青史。

墨子（约前468—前376）生活于战国的初期，他对高速发展带来的对自然的破坏感到忧虑，他的理想政治形态是节约型的小国模式，由此他提出了兼相爱（爱不同的人和事物）、交相利（互惠互利）、尚贤（不问身份，唯才是举）以及非攻（专守防御，不主动进攻）等十论，逐渐组建起了不逊色于儒家的学说团体。推崇高速发展的儒家与墨家围绕着厚葬还是薄葬发生了激烈的对峙。

墨子像

现在普遍认为，儒家、墨家、兵家、道家（老子）的诞生几乎处于同一时期。不论东西方世界，对于高速成长持否定意见的基本都是少数派系。大部分人都是无法忍受生活水平倒退的。也正因为人性如此，为了守护自身，这些少数派的内部相对来说会更加团结。墨家也正是因为它过于团结的结社形式而率先遭到掌权者的打压，第一个退出了历史舞台。

希腊的霸权争夺

斯巴达获得了波斯帝国与锡拉库萨等势力的协助，最终击败了它的宿敌雅典，获得了伯罗奔尼撒战争的胜利（公元前

404年），不过斯巴达的霸权并没有持续很久。公元前395年，科林斯战争爆发了，斯巴达与得到了雅典、底比斯等城邦支援的科林斯交战，却陷入了胶着，最终波斯帝国作为仲裁者进行调停，并让双方签订了和约（公元前386年，大王和约）。

公元前371年，斯巴达在留克特拉战役中被天才军事家伊巴密浓达率领的军队击败。伊巴密浓达将传统的重装步兵方阵改为了斜线型步兵方阵。这之后，亚历山大大帝在此基础上发明了马其顿方阵。底比斯由伊巴密浓达的挚友菲洛比达斯（前420—前364）执政，然而这两人相继战死沙场，底比斯也随之失去了它的霸权。

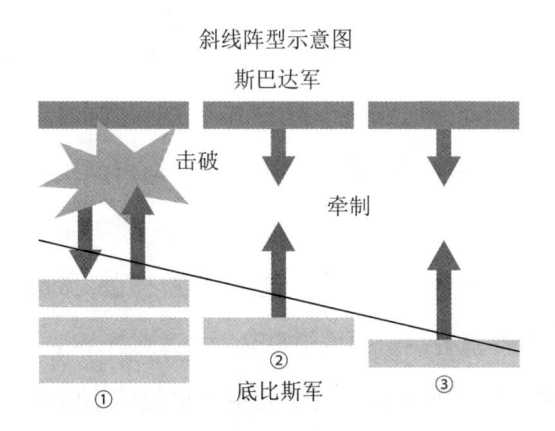

斜线阵型示意图

底比斯军如图中①②③所示一样组成了斜线阵型，①的列数更多、方阵更厚，它旨在最先与斯巴达军交战，击破敌方之后再从后方向右迂回并配合②③的方阵包围斯巴达军。

公元前399年的雅典城邦发生了一件大事——苏格拉底被一群煽动政治家判处了死刑。这是雅典的民主政治沦为众愚政治的象征性事件。就在这样不间断的混乱中，希腊地区的政治与军事实力逐步衰退，这一段时间内，波斯帝国通过调停各城邦之间的争斗，事实上扩大了自己在希腊地区的影响力。

公元前367年，希腊城邦的代表团出使苏萨，并请求波斯帝国给予援助。从波斯帝国中短暂独立出来（公元前404年）的埃及在公元前341年又一次被波斯帝国征服了。这进一步证明，波斯帝国对希腊采取的以外交为中心而非武力的战略是行之有效的。

西地中海地区，迦太基为了占领西西里岛又一次与锡拉库萨大动干戈（前409—前396）。迦太基远征军最初占据优势，但是军中突然暴发了疫病，以致最终与胜利擦肩而过。顺带一提，当时锡拉库萨的僭主是狄奥尼修斯一世（前405—前367年在位），他是"达摩克利斯之剑"这一故事的主角。西西里岛之于迦太基是进出东地中海的重要门户，因为它在地政学上的重要地位，迦太基在之后又派出了数次远征军，不过都没有统一西西里全岛。

经过了公元前4世纪至公元前3世纪这100年，曾经称霸黑海沿岸的草原地带的斯基泰人被萨尔玛提亚人取代。

佛教教派的分裂

公元前400年的印度，起源自亚拉姆文字的婆罗米字母

（梵天的文字）开始被使用。约公元前380年，第二次佛经结集（编纂会议）举行了。佛陀入灭后不久举行的第一次佛经结集，由与佛陀一同弘法的阿难陀（佛陀十大弟子之一）回忆佛陀的教诲，再确认这些教诲为正统后众僧一起合唱暗记佛法。

但是，佛教诞生已逾百年，相关的传承变得模糊，出于传教的考虑，需要再一次确认佛陀的教诲。然而，佛教徒之间存在着对立，无法达成共识，佛教僧团（僧伽）已经分化成革新主义的大众部与保守主义的上座部两大系统。这被称为根本分裂。这之后，佛教僧团各部又发生数次分裂，最终大约有20多个部派存在。根本分裂以前的佛教被称为原始（初期）佛教，分裂后的则被称为部派佛教。分裂之后，上座部佛教一直占据上风。

公元前364年前后，摩揭陀王国难陀王朝（存续至公元前317年）的摩诃帕德摩统一了恒河流域。难陀王朝虽然短命，但是开创者摩诃帕德摩的种姓为首陀罗，他破坏了古来的秩序，并为将来孔雀王朝的建立开了先河。公元前350年前后，波你尼编写了梵文的语法书。

梵文作为印度的通用语，一直使用到笈多王朝，它与西方的通用希腊语以及拉丁语一样，至今仍在被使用。与梵文相对的，民间的俗语则被称为普拉克利特诸语，早期佛经所用的巴利文就是普拉克利特诸语的一种。

《旧约圣经》的成书

差不多同一时期，耶路撒冷正在进行《旧约圣经》的编纂。这可能是出于在阿契美尼德王朝包容主义的政策下犹太民族将逐渐失去自己的民族性这一担忧吧。这一时期，许多犹太的青年选择留在巴比伦而不是回到故乡。犹太人以传承至当时的神话与资料为基础，又大胆借用了巴比伦之囚时期获知的苏美尔以来的美索不达米亚神话与传说（神用黏土造人等）。

【《旧约圣经》的编纂】

《旧约圣经》之中，先知书与历史书成书较早（从公元前8世纪开始顺次成书）。被认为是最古老经典的《妥拉》，现在的主流看法认为它的实际成书时间要比预想的晚一些。巴比伦是繁荣的波斯帝国治下数一数二的都市，许多犹太人在习惯了当地生活之后拒绝返回故乡（民族流散的开始），为此感到焦虑的祭司阶级决定重建第二神殿，借此加强民族纽带，同时他们开始在耶路撒冷收集J典（文集中均称呼上帝为耶和华，可能是大卫王朝的文献）、E典（称呼上帝为伊罗兴，可能是北王国的文献）、D典（申命纪文献，与J典相似）、P典（祭司阶级的文献，大约成书于巴比伦之囚时期）等资料，并最终完成了《妥拉》。后来面对唐朝影响力的日本也采取了类似的行动，例如持统天皇正式提出"日本"国号以及她的智囊藤原不比等主持进行的编纂《日本书纪》等行为。

例如，美索不达米亚的传说中共发生三次大洪水，以及意为"草原"的eden一词，以及意为"乐园"的paradise一词的词源之一被认为是米底语中意为"有围墙的庭院"的paridaiza。作为《旧约圣经》的基础的《妥拉》（律法之书，《摩西五经》之一）被认为完成于公元前400年至公元前350

年这段时间。在编纂过程中，嫉妒又好战的耶和华被升格为了讲究伦理正义的神。包含"唯有犹太人能获得救赎"的神选之民思想和渴求救赎之神（弥赛亚）降临的信仰建立了——犹太教诞生了。

罗马的崛起与伊特鲁里亚人的衰退

当时，位于地中海边境的意大利南半岛被称为大希腊地区，锡拉库萨以及塔兰托等希腊人殖民城邦在这里繁荣发展。拿坡里（那不勒斯，意为新城）和安科纳都起源于希腊人殖民城邦。以造型美丽而闻名的帕埃斯图姆和西西里各地的神殿中都可窥见大希腊地区曾经的荣光。大约公元前600年，希腊人建立了马赛利亚（即现在的马赛），确保了通过罗讷河与北欧地区的交易路线。

伊特鲁里亚人（伊特鲁斯坎人）以托斯卡纳（意为伊特鲁里亚人的土地）地区为中心，凭借高度发达的土木工程技术（尤为擅长建造拱形建筑）在高地建造了庞大富饶的都市。可能是考虑到湿润的气候容易导致疫病传播，他们选择放弃了便利的水边生活。托斯卡纳的特产红葡萄酒起源于伊特鲁里亚人时期，酒名"基安蒂"一词也源自伊特鲁里亚文明。希腊人将伊特鲁里亚称为第勒尼安。第勒尼安海在希腊语里即意为伊特鲁里亚人的海。

伊特鲁里亚人大约在公元前700年前后，通过借鉴希腊字母创造出了自己独有的字母。伊特鲁里亚人的宗教也拥有独立的经典。伊特鲁里亚文明是一个发展程度极高的文明，从塔尔奎尼亚的地下墓穴（因其内部惟妙惟肖的壁画出名），或是罗马的伊特鲁里亚国家博物馆（藏品包括夫妻陶棺和被怀疑是贾科梅蒂仿造的极为细长的青铜人像等）都可以看出它的发达。伊特鲁里亚人控制了波河流域，通过跨越阿尔卑斯山的贸易路线与北方交易。

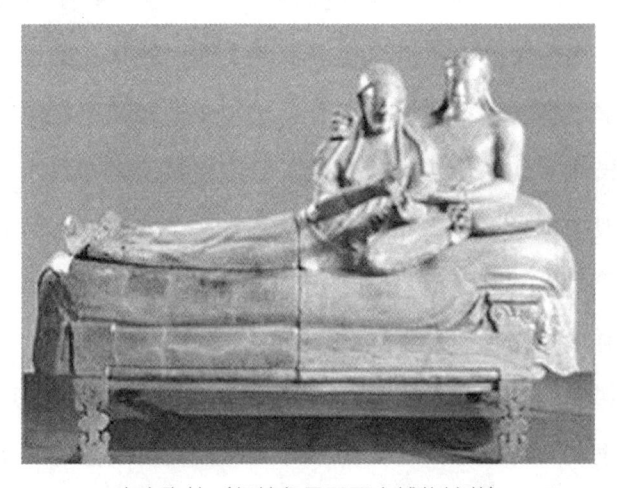

夫妻陶棺（伊特鲁里亚国家博物馆藏）

　　伊特鲁里亚人和希腊人似乎共享罗讷河与阿尔卑斯山这两条贸易路线。很可惜，我们至今都不知道伊特鲁里亚人具体属于哪个民族体系。几乎可以肯定的是他们既不属于印欧语族，又不属于亚非语族。希罗多德的记述称，伊特鲁里亚人是从小亚细亚的吕底亚地区迁徙而来的族群，不过依然没有发现能为其佐证的其他史料。如今的主流观点认为，伊特鲁里亚人是当地民族。

围绕着意大利半岛的霸权,希腊人和伊特鲁里亚人持续对峙时,拉丁人的新兴城邦罗马趁隙逐渐扩张势力。在希腊人迁入巴尔干半岛时,一批印欧语族的族群南下登陆了意大利半岛,这一批人群被称为意大利人,拉丁人就是其中一支。

罗马人的建国神话则称,公元前735年,特洛伊王室成员埃涅阿斯的后裔、由狼哺育长大的双胞胎兄弟罗慕路斯与雷穆斯创建了罗马。罗马拥有以卡比托利欧山(Capitoline,"美国国会大厦"一词capitol的词源)为卫城,以及类似于阿哥拉市集的公共广场。最初,罗马维持了一段时间的王国体制,在公元前509年转变为共和体制。

罗慕路斯、雷穆斯与母狼的像

两名任期为一年的执政官(consul)就是罗马共和国军民的最高执政者(元首)。其实,罗马王政时期最后三位王的名字都是伊特鲁里亚人名的格式,因此可以推断出,很可能有一段时间，罗马是以类似伊特鲁里亚人的属国形式而存在的。另一种说法认为，这些伊特鲁里亚人可能与文艺复兴时期的佣兵队长类似，即罗马人雇佣了擅长作战的伊特鲁里亚人作为佣兵队长。

事实上，罗马人从伊特鲁里亚人处学到许多技术，例如鸟占术、象征权威的束棒（fasces，一把与多根木棒捆在一起的双刃斧，是"法西斯"一词fascism的词源）以及土木工程等。转为共和制之后的罗马，存在着贵族（patricii）与平民（plebs）之间的对立，不过，与贵族占据的元老院（Senatus）相对，也有保障平民权利的保民官（拥有身体不可侵犯等特权）和公民大会制度（公元前471年成立）等，由此可见罗马人的政治天分。罗马也因此被略称为SPQR（元老院与罗马公民）。

公元前450年前后，罗马人将习惯法成文化，《十二铜表法》出现了。公元前445年，贵族与平民之间的通婚得到认可。公元前396年，罗马人终于攻陷了包围了十年的伊特鲁里亚人的重镇维爱。连续十年对一座城市进行包围作战，不得不让人联想到特洛伊战争。伊特鲁里亚文明在公元前7世纪至公元前6世纪这一时期达到鼎盛，十二个城邦建立起了松散的联盟体制，然而伴随着维爱的陷落，伊特鲁里亚人逐渐被罗马吸收同化了。

安内攘外的罗马在公元前390年被一批高卢人（定居于法国境内的凯尔特人，从约公元前5世纪开始，拥有先进铁器的拉坦诺文化开始活跃）袭击，他们攻占了罗马城并大肆劫掠。罗马人在这之后，发誓再也不会将首都拱手相让，开始着手收复周边的拉丁城邦。公元前376年的李锡尼乌斯-绥克斯图斯法案（执政官中至少有一名从平民中选出）和公元前287年的霍腾西阿法案（不论元老院是否批准，公民大会的决议都对国家有约束力）的公布使得罗马内部愈发稳定。

古代的交易无外乎两种模式。一种即通常的商业活动，也就是都市（经济中心）与周边地区（提供原材料或劳动力）所形成的交易网，这一活动不可或缺的就是所在地区的政治安定。另一种则是首领社会所在地域独有的权力象征物的交易。

凯尔特人的拉坦诺文化诞生于阿尔卑斯山脉附近，之后它扩散至欧洲各地，并且破坏了当地既有的贸易网络（例如波伊人对罗马的劫掠以及百年后加拉太人对希腊地区的掠夺等），因此这一时段内的商业活动明显减少了。凯尔特人最后一次大规模迁移是在公元前150年前后，贝尔盖部族进入高卢北部并定居。在这之后，以罗马为中心的商业活动又逐渐开始活跃起来了。

亚历山大大帝

位于希腊北方的马其顿王国，英明神武的腓力二世（前359—前336年在位）即位了。马其顿在大流士一世以及薛西斯一世的统治时期，对波斯展现了臣服的姿态，在这之后，又通过向雅典出口造船用的木材，暗中积蓄国力。到了腓力二世的统治时期，马其顿王国控制了潘盖翁山的金矿。因此变得富强的马其顿王国，在公元前338年的喀罗尼亚战役中击败了雅典与底比斯的联军，确立了自己在希腊地区的霸权地位。

同年，罗马也征服了附近的诸拉丁城邦。腓力二世于公元前337年，以几乎包罗了全希腊城邦的科林斯同盟盟主的身份，发表了远征波斯的宣言，然而第二年，他就死于刺杀，他的长子亚历山大三世（大帝）继承了王位（在位至公元前323年）。腓力二世所制定的对波斯远征的战略计划，是以公元前5世纪末以来各位学者（伊索克拉底等人）讨论得出的东方远征论为范本而制定的。

公元前334年，继承父亲遗志的亚历山大大帝正式出兵东征，他接连在伊苏斯战役与高加米拉战役中击败了波斯皇帝大流士三世。他只用了十年的时间就征服了包括埃及在内的波斯帝国全境以及远在印度河流域的印度西北部。公元前330年，大流士三世被刺杀，阿契美尼德王朝灭亡了。然而，越往东方扩张，需要驻军的时间就越长，亚历山大大帝不得不在中亚停留了三年。希腊地区的援军与物资通过波斯帝国的驰道源源不断地抵达亚历山大的军队中。值得一提的是，亚历山大大帝的皇帝称号与大流士一世一样，是通过篡夺波斯帝国的皇位得来的。

天有不测风云，公元前323年，从印度河撤军返回的亚历山大大帝暴卒于巴比伦。他将如何维持他征服的这个世界帝国，以及他为何焚毁波斯波利斯等问题，都随着他的死变为了永远的谜题。亚历山大大帝的家庭教师亚里士多德在一年之后也离开了人世，很可惜无法得知他对自己爱徒伟业的评价。不过，亚历山大大帝短暂而又丰富的一生却诞生了数不清的传说。例如，在埃及的锡瓦绿洲中，神谕宣布亚历山大大帝是阿蒙神的儿子，以及在位于小亚细亚的弗里吉亚王国的首都戈尔迪乌姆的宙斯神庙中，亚历山大大帝一刀斩断了献给宙斯的战车上的戈尔迪乌姆之结（神谕称解开戈尔迪乌姆之结的人将成为亚细亚的支配者，在此之前无人能解开）等都是大家耳熟能详的传说。

弗里吉亚王国在公元前8世纪的米达斯王的时代曾经十分强大。米达斯因点石成金、国王的驴耳朵等神话而闻名世界。

在这场大征服中，亚历山大大帝在各地积极营建以自己名字命名的殖民都市（有12～18座，相传阿富汗的坎大哈也是其中之一）。这不仅是出于安定边境地区的考虑，还似乎同时以此为手段清理军中的不服从者。在这些城市中，埃及的亚历山大港最具代表性，它至今都是一座发达的大都市。

因为亚历山大大帝还奖励希腊人与波斯人之间的通婚，希腊与波斯的文化在各地融合，所以才有优美且先进的希腊化时代,这一说法似乎有失偏颇。希腊文化与波斯文化的交流融合,早在持续了200年的阿契美尼德王朝时就开始了,绝不是亚历山大大帝一人的功劳。甚至连"希腊化时代"这个词,如果换成"波斯化时代",说不定反而更接近事实。

现藏于卢浮宫的雕像《米洛的维纳斯》与《拉奥孔》(现藏于梵蒂冈美术馆)被认为是希腊化时代文化艺术的象征之一。《米洛的维纳斯》同时也是现存最古老的保有完整脸部构造的大理石像。

后来由罗马人规范化的伊壁鸠鲁学派与斯多葛学派相继诞生于这个时代。在柏拉图学园与吕刻昂学园中学习的伊壁鸠鲁(前341—前270)称现实世界中的烦恼(包括肉体的快乐等)为苦,而从中脱离出来的状态为乐。他推崇追求内心宁静的快乐主义。晚年的他在雅典郊外开设了"伊壁鸠鲁的乐园",与弟子们一同生活。

出生于塞浦路斯的腓尼基人芝诺(前336—前264)与追求快乐的伊壁鸠鲁不同,他认为追求道德才是人生的目的,开创了斯多葛学派。芝诺因为在雅典的斯多葛柱廊(Stoa Poikile)处进行讲学,所以他的学派被称为斯多葛学派。

被称为通用希腊语的希腊口语成了当时的通用语,这是继阿卡德语、阿拉米语之后的第三门世界性语言。东西方的神明也出现了融合的现象,不过更能直击人们内心深处的东方神明占据了优势。诸如密特拉信仰以及伊西斯信仰等东方神信仰开始快速传播。有说法认为,小说这一文学体裁在希腊化时代末期出现，是为了宣传伊西斯神的德行。

腓力二世邀请继承了苏格拉底和柏拉图衣钵的大哲学家亚里士多德从雅典返回他的故乡马其顿，来教自己的儿子学习帝王学。据说他们寄宿在一个名为米扎的小村进行集中教学。优秀的贵族子弟们作为学伴与亚历山大一起接受教育，这同时也让他们结下了深厚的友谊。追随亚历山大至世界尽头的幕僚团（伙友团，马其顿王国从北方的游牧民族那里学来了亲卫制度）就此诞生了。

对于这些幕僚来说，时不时就能被一窥芳容的亚历山大的妹妹，也许就是他们憧憬的女神吧。她的名字是克里奥帕特拉。亚历山大大帝死后，围绕着他遗留下的庞大帝国的统治权，爆发了漫长的继业者战争（前322—前280），也可以说是亚历山大大帝的学伴、幕僚之间的战斗。

托勒密一世（前305—前282年在位）夺取了亚历山大的遗体，并在埃及为他举办了盛大的葬礼。他定都于亚历山大港，开创了托勒密王朝。他向克里奥帕特拉求婚，但是被控制着马其顿的安提柯一世（前306—前301年在位）拒绝了。托勒密王朝与埃及中王国以及新王国时代一样称霸东地中海地区，还与印度的孔雀王朝互派外交使节。这一王朝历代的女王都名为克里奥帕特拉。

也许是因为托勒密一世认为，比起瓜分了亚历山大帝国的塞琉古一世（前305—前281年在位）和安提柯这两位，自己更加正统，所以托勒密王朝治下诞生了第一部亚历山大大帝的传记。在这之后，各地都编写了名为《亚历山大罗曼史》的叙事诗。亚历山大的阿拉伯语发音为伊斯坎达尔。动画片《宇宙战舰大和号》的最终目的地星的彼岸就名为伊斯坎达尔。

从亚历山大大帝东征到继业者战争这一过程中，大量的希腊人离开故土前往希腊化世界。大规模的人口移动，导致了原本相对富庶的希腊变得荒芜。不仅是西方，在公元前325年前后，马赛利亚（今法国马赛）的皮西亚斯出海探索了欧洲西北部，他抵达了不列颠岛和北海。

托勒密王朝对埃及的传统采取了保护政策的同时，将希腊语也设定为通用语言，还分别出台了以希腊人为对象和以埃及人为对象的两种法令。同时，在信仰方面，将两个民族都能接受的奥西里斯神或是圣牛阿匹斯与酒神狄奥尼索斯或是哈迪斯结合，创造出了赛拉比斯这一希腊-埃及复合神。

以叙利亚的安条克为首都的塞琉古王朝，领有除埃及以外的大部分波斯帝国领土，论领土规模是继业者王国中最庞大的，但也是衰落得最快的。小亚细亚的帕加马王国在公元前263年，阿富汗地区的巴克特里亚王国（由驻扎在当地的希腊军人建立）在约公元前250年先后独立，帕提亚地区的游牧族建立了帕提亚王国（公元前247年）。在这些事件后，塞琉古王朝的实际控制范围就只限于叙利亚王国这一小部分领土了。

帕加马王国的首都帕加马是小亚细亚地区最大的城市，

同时也是希腊化时代的一大文化中心地。帕加马因其仅次于亚历山大港的图书馆与大祭坛而闻名，位于柏林的帕加马博物馆依然可以看出当时帕加马的繁荣。

帕加马大祭坛

印度的统一

亚历山大大帝对印度西北部的远征行动（公元前325年）虽然在印度河附近受到挫败，但还是对印度世界产生了重大的影响，印度各邦开始寻求统一。旃陀罗笈多（前320—前298年在位）在著名谋臣考底利耶（著有《政事论》，记录了治国之道、经济政策、军事方略）的辅佐下，击败了难陀王朝，建立起了印度历史上第一个大一统政权——孔雀王朝。孔雀王朝与罗马帝国一样，也从波斯帝国那里吸收了许多经验。孔雀王朝将希腊人势力彻底逐出印度，并且迫使塞琉古王朝割让了阿富汗的坎大哈这一要冲。

当地的岩壁上依然保留着孔雀王朝时期留下的法令碑文。

孔雀王朝借此确保了帝国西方边境的安全后,最终与继承了亚历山大帝国东部领土的塞琉古王朝签订了友好条约。公元前306年,塞琉古一世派遣使节麦加斯梯尼前往孔雀王朝的首都巴塔利普特拉,他之后写下了《印度史》一书。印度人并没有记录历史的习惯,因此希腊人与中国人留下的记录是其主要史料。印度地区的书写载体并不是黏土板、莎草纸或是竹简,他们在被称为贝多罗叶(贝叶)的棕榈叶子上书写记事。但是,作为书写材料来看,贝多罗叶的保存难度极大。文献无法长时间地留存,某种程度上可能也使得印度人失去了记录历史的欲求。

孔雀王朝在第三代国王阿育王(前268—前232年在位)统治时期,国势强盛。传说阿育王目睹了公元前261年的羯陵伽征服战争中的惨状后,决心皈依佛教。出于统合多民族国家的考虑,主张平和的佛教对于阿育王来说是最佳的合作对象。不过,阿育王对于其他宗教也持宽容态度。阿育王凭借基于和平主义的世间法(达摩)成功统治了除印度南部以外的疆域庞大的帝国(包括如今的阿富汗、巴基斯坦、印度)。他的许多诏令通过石柱碑或是摩崖碑(也许是承袭自波斯帝国的习惯,有观点认为巴塔利普特拉的百柱厅也是模仿波斯波利斯营造的)等留存了下来。据说阿育王还重新分配了佛舍利,修建了桑吉大窣堵波(它的门被认为是日本神社鸟居的原型),召集了第三次佛经结集(也有对这一事件存疑的观点），派遣了王子摩哂陀前往斯里兰卡传播佛教。从此以后，斯里兰卡一直都是上座部佛教的一大中心。

阿育王死后，孔雀王朝陷入了分裂状态，很快就衰亡了。这是因为孔雀王朝的领土对于当时的统治技术来说过于庞大且民族多样（印度次大陆被温迪亚山脉分割为南北两部分，能短暂统一全印度的只有孔雀王朝、德里诸王朝以及莫卧儿帝国），同时可能与阿育王的一些政策过于理想主义也有关系。持续了130余年的孔雀王朝，在公元前186年，被巽伽王朝（至公元前68年）取代，不过巽伽王朝的疆域仅维持在恒河流域。

阿育王石柱碑（柱头）

桑吉大窣堵波（它的门是鸟居的原型）

这一时期的印度西北地区被巴克特里亚王国的狄奥多特一世（前200—前180年在位）统治，他开创了印度希腊王朝（前200—约前10）。孔雀王朝之后的北印度历史，围绕着西北的旁遮普地区（印度河流域），以及恒河中下游这一椭圆形地域为焦点展开，数股政治势力在此并存，只有诸如贵霜帝国或是笈多王朝等强大的政权才能同时支配这两个地区，不过这些还言之过早，当时依然是巽伽王朝与希腊王朝两强并存的态势。

相传希腊王朝的米南德一世（弥兰陀王，前155—前130年在位）皈依了佛教（存有记录了他与那先比丘有关佛教教义的问答集《弥兰陀王问经》），可以看出，印度西北地区的希腊哲学与佛教已经产生了密切的交流。

诸子百家

在中国，西面的秦国逐渐强大了起来。秦孝公（前361—前338年在位）提拔了法家的商鞅（卫国的公子，前390—前338），在商鞅主导下进行了两次变法（公元前356年和公元前350年），即政治改革。商鞅推行邻里之间的连坐制度，鼓励成年男子分家，还有军功封爵制度、郡县制度、统一度量衡等，简单来说就是，通过强硬的法律加强中央集权的富国强兵策略。商鞅认为，比起礼或是义，实绩与结果才是最重要的。

商鞅像

同时，位于西面边境地区的秦国，具有能向南方富庶的四川地区扩张的优势。兵家的吴起与法家的商鞅，都在信任他们的国君去世后死于非命。不同的是，吴起的改革伴随着他的死亡半途而废，而商鞅变法的成果则被保留了下来。之后，天才的韩非（前280—前233，得到了秦王正的赏识，不过最后因同僚李斯的陷害而死）成功地集得了法家之大成（《韩非子》）。自相矛盾、守株待兔等成语都出自他这部批判儒家德治主义的著作《韩非子》。韩非同时也是一位优秀的文学家，他写下了如"人主亦有逆鳞，说者能无婴人主之逆鳞，则几矣"等诸多名句。

与秦国变法差不多同一时期，东方的齐国在齐威王（前358—前320年在位）与齐宣王（前319—前301年在位）的治下，招聘了成百上千人规模的诸子（孟子就是其中之一），并将他们安置在位于首都临淄的稷下学宫。

临淄在齐威王的时代大约有30万人口，是当时首屈一指的巨大都市。不光是学问，赌博也非常盛行。稷下学宫与西方的柏拉图学园或是缪斯庙一样都是当时的最高等学府。东西方的文明又一次不约而同地在同一时期进行了同样的行动，令人感到有趣。稷下学宫中，诸子百家的思想互相交汇碰撞，不断精进。

其实不仅是齐国，其他六国也对诸子采取了优待政策。听取这些著名学者的意见对于国家的治理是有利无害的——这可以说是战国时代的共识。战国时代兵家的代表是名将乐毅，他出仕燕昭王（前312—前279年在位），在公元前284年攻入临淄，几乎灭亡了齐国，他因此而声名大振。

为了对抗强大的秦国（只有齐国能与其抗衡），苏秦（？—前317）提出了合纵。合纵就是指除了秦以外的六国结成同盟，但是因为楚国与齐国之间有着不可调和的矛盾，结盟之事进展极慢。公元前318年，在苏秦的高超外交下，联军（楚国没有参与）终于组成，进攻秦国。在这之后，公元前289年，苏秦的弟弟苏代也与孟尝君一起又一次组织了针对秦国的联军（齐国没有参与）。

公元前288年，秦王与齐王互尊对方为东帝和西帝。因为合纵的关系，秦国短时间内无法进出中原，因此转而出兵征服了南方的四川（蜀）。公元前277年，秦国的蜀郡太守李冰开始修建水利工程——都江堰（世界文化遗产）。

苏秦的师弟张仪提出了以横破纵的连横（秦与各国签订互不侵犯条约）。

儒家则诞生了孟子（约前372—前289）这位圣贤。孟子的主要思想是性善论和民本思想，他对德治的追求比孔子更加彻底，因此没有诸侯认同他的想法，孟子的晚年与孔子一样，只能致力于教导弟子。孟子认可两种天命交替的方式，第一种是君王禅位于有德之人（三皇五帝中的尧舜禹），第二种则是凭借武力驱逐无德君王（商汤伐桀、武王伐纣）。在后世的中国政治史上发挥重要作用的易姓革命（天命发生变化时，天子的姓也会改变）这一王朝更迭正统化的理论差不多就是在这时由孟子完成的。

孟子

天罚这种相对玄幻的东西也处于这一理论的延长线上。具体来说就是，如果天子胡乱地进行统治，上天会降下天灾来警告天子，如果天子依然没有改善，那么农民起义就会爆发，政权会发生更迭。不过，事实与这个理论是完全不同的，在农业占主导的年代，天候控制这一切，一旦出现天候的异变，农业产出减少的农民就会起义，新的政权也随之树立。

肯定了易姓革命理论的新生政权，为了确立自己获得了天命，便开始编纂前朝的史书。自司马迁的《史记》至《明史》的二十四史是历代公认的正史。虽然大多数情况下，正史都是可信的，不过从它的目的来看，正史基本上都会夸张前朝末代天子的无德。典型的例子就是对隋炀帝或对元朝的评价等。

如前文所述，周幽王的故事与夏桀、帝辛几乎如出一辙，几乎可以确定这是刻意的记述。以日本史类比的话，也许武烈天皇与继体天皇①的例子比较恰当。日本的天皇世系没有姓氏，或许正是为了刻意避开孟子的易姓革命论。

法家思想和荀子否认易姓革命（天命）的合理性。他们认为政权更迭的原动力是强大（法家观点）或是仁义、正义（荀子观点）与否，完全撇开了所谓的天命介入。这一观点甚至可以说是完美预言了引发了21世纪的阿富汗战争和伊拉克战争的布什主义。

与孟子生活在一个时代的庄子（约前369—前286），继承了老子（普遍认为与孔子是同时代人，不过也有说法认为他晚于庄子）的无为而治思想，并进一步发展。

庄子善于利用寓言或是警句（梦蝶、大鹏鸟、井底之蛙等），宣扬摒弃人为、顺应自然的主张。他的思想中完全不见对上天或是上帝的信仰，同时还认为性善说与性恶说都是没有意义的。庄子很有可能是世界上最早的存在主义者，同

---

① 武烈天皇无嗣而终，继体天皇即位，他与之前的天皇家是否有血缘关系，如今依然有争论。《日本书纪》中说武烈天皇恶逆无道、不行善举，《古事记》中则没有恶行的记载。因此众多学者认为，这是为了将继体天皇的即位正当化而对武烈天皇的刻意抹黑。

时可能也是最早将人类与自然界相对化的生态学家。甚至可以说庄子预见了 DNA 的存在。庄子将道家思想（老庄思想）完善到了一个全新的高度。

道家原本是以上人为对象的哲学，它与以中人以下为对象的法家共存，然而随着统治者推崇儒家之后，道家又转而渗透到了民间社会，成了道教，可以说是社会的通奏低音的存在。从结果上来看，这两种完全相反的潮流使中国人的精神世界达成了一种安定。

儒家的荀子（约前 313—前 238）认为人性本恶，也因此他认为后天教育是极为重要的。不过，有研究认为孟子的性善说仅针对中人及以上，荀子的性恶论也仅针对中人以下，虽然两者的思想存在分歧，但不是完全对立的。荀子的著作《荀子》中，诞生了"青出于蓝而胜于蓝"等名言。他自己也是一位非常优秀的教育家，法家的韩非子与李斯都出自他的门下。

除此以外，还有逻辑学家公孙龙（约前 320—前 250，名家，即中国的智辩家）和统合了自古以来就存在的阴阳学说（从诸如太阳与月亮、男性与女性等相对又互补的自然现象中诞生的思想）以及五行学说（认为自然界是由木、火、土、金、水五种元素组成的自然科学。最早诞生于齐国）的

庄子

邹衍（阴阳家，稍晚于孟子的稷下学宫学者）等诸多学者。

【五行学说】

中国自古以来就存在的观念，也被用来代表方位。中央对应黄，东对应青（青龙），南对应赤（朱雀），西对应白（白虎），北对应黑（玄武）。五帝、春秋五霸、五胡、五代等对五的情有独钟，很可能就受到五行说的影响。汉代以后的王朝交替也被代入了"木为青—火为赤—土为黄—金为白—水为黑"这一五行的循环。白俄罗斯这一国名就源自金帐汗国对西方的俄罗斯的称呼，这也受到了五行的影响。日本也有诸如高松冢古坟中的壁画、青春、北原白秋、白虎队等诸多受到五行影响的事物存在。

楚国的政治家屈原（约前340—约前278）著有《楚辞》。与收录北方民谣的《诗经》截然不同，《楚辞》将南方民谣独有的韵味传承了下来。屈原主张联齐抗秦，却遭到同僚的排挤诽谤，他在秦国攻破楚国都城后，自沉汨罗江，以身殉国。因为这一事迹，屈原长久以来被楚地人民当作英雄崇拜，供奉屈原的供品是粽子的原型。《诗经》与《楚辞》相较于唐诗来说，记录的植物种类极多，可以从侧面证明中国曾经郁郁葱葱的时代。

诸子百家其实就是有各自专业的专家学者，从理论上来说，是可以规划分工，和平共处的。可以大胆地假设为这样的结构：指引现实政治世界的法家、兵家两大执政派；宣扬大国政治（正论）、对文明进步持乐观态度的儒家和因为对文明进步带来的自然破坏倍感忧虑而提倡小国政治的墨家（有很浓厚的秘密结社色彩）这两大在野派；再加上近代化、个性化的知识阶层的道家。最终，儒家逐渐占据优势，墨家则彻底消失了。

布匿战争

趁着继业者王国忙于战争之际，米特拉达梯一世（前281—前266年在位）在黑海南岸东部这一块富饶的土地上建立了国祚200余年的本都王国（至公元前64年）。约公元前290年，在被称为世界的交汇处的亚历山大港，在托勒密王朝的大力支持下，缪斯庙（Mouseion，学术研究中心，兼具图书馆与药草园的功能，是"博物馆"一词museum的词源）建立了。希腊文化的中心从雅典转移到了亚历山大港。东方的中心都市则是被亚历山大大帝作为主要据点的巴比伦。

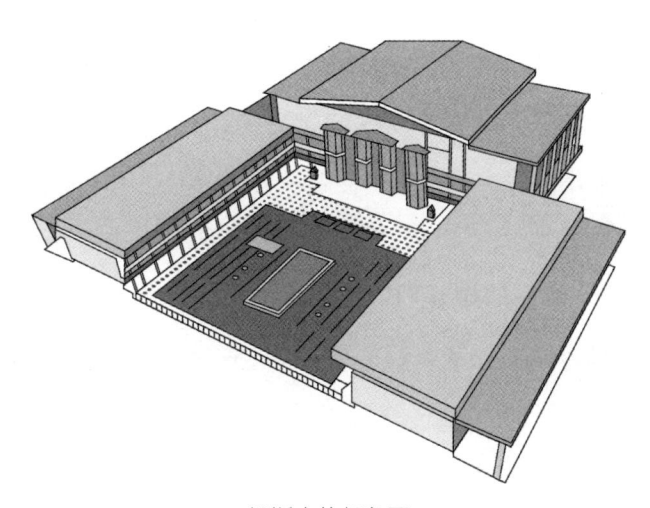

缪斯庙的想象图

在托勒密一世统治时期的亚历山大港，被称为几何学之父的欧几里得整合了希腊的数学研究，写成了《几何原本》，撒哈拉沙漠中岩石绘画盛行。锡拉库萨的阿基米德（前287—前212）后来也曾来到缪斯庙求学。这些虽然是后话，但是当时的缪斯庙由第三任馆长厄拉托西尼（前275—前194）管理，他因计算出了地球的直径而闻名。这两位天才的大脑会碰撞出怎样的火花呢？

公元前3世纪前叶，出生于萨摩斯岛的阿里斯塔克斯在希腊十分活跃，他提出了日心说。

公元前3世纪中叶，《旧约圣经》在亚历山大港被翻译成了希腊文。相传《七十士译本》由七十二位犹太人学者花费了七十二天完成《妥拉》的翻译，不过实际上翻译工作似乎是在公元前2世纪才彻底完成的。不过，这也正是因为亚历山大图书馆丰富的藏书量，才会有这样的传说吧。后世，以圣保罗为首的早期基督教领导者们，正是以《七十士译本》作为《圣经》的原典。也就是说，《圣经》成为世界上最畅销书籍的第一步，正是被翻译为当时的通用语希腊语。

亚历山大图书馆致力于藏书的甄别与分类。被分类为"第一级"作品的作家们，被西塞罗称为一流（classic）。这在文艺复兴时期被学者们采用，classic这个词逐渐衍生出了"古典"这一含义。

公元前290年，在经历了三次萨莫奈战争后，罗马终于迫使山岳地带的萨莫奈人臣服，统一了意大利中部。紧接着，公元前271年，罗马攻陷了塔兰托，彻底驱逐了希腊人的势力，统一了意大利半岛。罗马也因此与势力扩张至西西里岛的迦太基接壤了。

围绕着地中海的霸权，这两者的冲突可以说是必然的。从公元前264年开始至公元前261年结束的第一次布匿战争以罗马的胜利告终，西西里岛被纳入了罗马的势力范围（属州制度的开始）。"布匿"是"腓尼基"的拉丁语音译，因为迦太基是腓尼基人的殖民城市，所以与它的战争被称为布匿战争。顺带一提，极度依赖雇佣兵的迦太基在战败后，一时间为雇佣兵叛乱所苦。全民皆兵的罗马与佣兵制的迦太基之间的军队素质差距由此可见。

公元前247年的东方，罗马帝国日后的劲敌帕提亚帝国在阿尔沙克一世的带领下（前247—前211年在位）于波斯故土建国，蚕食了塞琉古帝国的大批领土。在这之后，帕提亚用紫花苜蓿喂马，成功改良了战马，创建了重骑兵（中世纪欧洲重装骑士的原型）。帕提亚在英主米特里达梯一世（前171—前138年在位）的带领下向西扩张，在今巴格达的东南方向建造了泰西封作为都城。取代了帕提亚的萨珊波斯帝国继续将首都设在泰西封。公元前238年，罗马从战败国迦太基处夺取了萨丁尼亚岛，没过多久科西嘉岛也成了罗马的领土。

为了复兴一败涂地的迦太基，公元前237年，将军哈米尔卡·巴卡（前275—前228）前往迦太基的西班牙领土，开始进行发掘矿山等开发活动。北非的马格利布地区与西班牙南部的安达卢西亚地区自古以来就属于同一文化圈。西班牙的原住民伊比利亚人,就是从北非迁移而来的。最终在迦太基的西班牙领土上,名为卡塔赫纳(新迦太基)的城市建成了。

不过,西班牙的东南部没有可以通航的河流,内陆地区的开发成本极高。哈米尔卡将他的长子汉尼拔(前247—前183)也带到了西班牙。他最终将成长为能够匹敌亚历山大大帝的军事家。

公元前218年,成年后的汉尼拔率领着配置有象兵的军队翻越阿尔卑斯山脉,第二次布匿战争(至公元前201年)爆发了。这场战争的推移经过,直至今日都是各大军事学院的教材,因为它是包围歼灭战术的完美体现。

不过,罗马的政治优势过于强大,即便经历数次战败,也没有多少意大利城邦愿意加入汉尼拔一方。汉尼拔就这样在本国支援不利的情况下,在罗马本土孤军奋战了十七年。由此可以推断出,汉尼拔不仅是一位优秀的军事家,同时还是一位人格魅力出众的统帅。

公元前212年,从数学到机械无所不知的天才科学家阿

汉尼拔像

基米德遭到进攻锡拉库萨的罗马军队杀害。公元前211年，罗马推出了以第纳尔银币为核心的独立的货币体系。在这之前，国际之间的交易使用的都是希腊的德拉克马银币。

全面研究了汉尼拔战术的罗马青年将军西庇阿（前236—前183）率军攻陷了汉尼拔的大本营西比利亚半岛后，又与北非的努米底亚王国达成同盟，登陆北非。迦太基在伊比利亚半岛勘探开发的矿山，被罗马接收，从此以后为罗马的经济服务。公元前202年，从意大利半岛匆忙回国的汉尼拔在扎马战役中被熟知他战术的西庇阿击败。

西庇阿

汉尼拔虽然在迦太基战败后仍然致力于复兴故土，不过因为罗马对他近乎执念的追捕，他最终在比提尼亚（黑海沿岸）自杀。虽然连续战败两次，又接连丧失了西西里岛、西班牙等几乎所有海外领土，但是被称为地中海女王的商业国家迦太基依然保有强大的实力。迦太基城本身就是一片富饶的土地，农业的生产效率也很高。也许与第二次世界大战后完成经济复兴的日本情况类似吧。

害怕迦太基再一次复兴的罗马，发动了第三次布匿战争（前149—前146），彻底毁灭了迦太基。给莎士比亚和莫里哀等作家以巨大影响的罗马喜剧作家普劳图斯（前254—前184）是与汉尼拔、西庇阿同一时代的人。

公元前200年前后的非洲，麦罗埃王国（如今的苏丹）以及诺克文化（尼日利亚中部）迎来了鼎盛。在新大陆的墨西哥，持续至公元6世纪的特奥蒂瓦坎文明开始兴起。墨西哥城郊外的太阳金字塔与月亮金字塔（公元1世纪完工）是这一文明的象征。

中国的统一（秦汉帝国）

比印度晚了大约100年，中华大地也诞生了第一个统一国家。苦于战火的平民们对统一国家的愈发渴望。而能完成这一伟业的，非军队强大的秦国莫属。公元前316年，秦国吞并了蜀国，得到了富庶的四川盆地。公元前286年，秦国又从魏国处夺取了解池，独占了中原的盐产地，经济实力进一步加强。

秦国的名将白起（？—前257）大胜赵军主力后的第二年（公元前259年），在赵国的都城邯郸，一位秦国公子的孩子出生了，名为正（《史记》中为政，清华简中为正）。这位秦国公子虽然在邯郸当人质，但是眼光独到的大商人吕不韦（？—前235）认为他"奇货可居"，开始资助这位公子。秦国公子求取吕不韦宠爱的歌姬时，吕不韦也马上就答应了，不过有传言称，这名歌姬当时已怀有身孕。

不过，这也许是站在汉武帝立场的史书对正——也就是后来的秦始皇——的刻意抹黑。经过吕不韦的各种暗中工作，秦国公子回到了秦国即位，是为庄襄王（前250—前247年在位），富有才干的吕不韦也在公元前249年被封为丞相（辅佐君王的最高官位）。公元前247年，庄襄王去世，13岁的正继承了王位。巧合的是，刘邦正好出生于这一年。

成年之后的秦王正在公元前237年罢免了吕不韦。公元前230年，以韩国的灭亡为契机，他起用了李斯（前280—前208，提议统一天下的楚国人）为丞相，蒙恬（？—前210）为将军，正式着手天下的统一。公元前227年，燕太子丹派遣荆轲（？—前227）试图暗杀秦王正，但是失败了。荆轲出发时所唱的"风萧萧兮易水寒，壮士一去兮不复还"（《史记·刺客列传》）流传了下来。

公元前221年，最后的抵抗者齐国被吞并，中国终于在秦王正的手中得到了统一。虽然，单论面积的话，当时的中国只有现在的三分之一——中国疆域的巨大化是从元朝的忽必烈时期开始的。但是，将七雄和新石器时代文化地域统合在了中国这一文化概念之下是影响至今的壮举。

中国因为大海、沙漠、大山脉而与欧亚大陆的其他区域隔绝。不过，与朝鲜半岛和越南半岛北部的往来相对比较容易。也因为这一地理条件，这两个地域在中国史或是东洋史上，中国的色彩更浓厚，经常是需要特别注意的地域（国度），例如同姓不婚制度等都源自中国。

秦王正在统一了天下后（公元前221年），从传说中的"三皇""五帝"中各取一字，创造出了"皇帝"称号。他自称为始皇帝（在位至公元前210年）。同时，他提出了"制"（命令）、"诏"（布告）、"朕"（自称）等皇帝专用的词语。他还废除了分封制，改为中央政府向各地派遣官僚的郡县制（将全国分为三十六郡，不过具体是哪三十六个郡尚未完全解明，也有说法是四十八郡）。

秦始皇

同时，秦始皇为了统治的行之有效，以及行政与军事的需求，推行了统一文字（秦的行政文字小篆，以及工作效率更高的从篆书简化而来的隶书）、统一度量衡、统一车轨（马车的车轮间距）等政策——当然，全部是以秦国为基准的。以半两钱为核心的货币统一是秦二世时代的事情了。

在这之后，秦始皇试图基于法家的标准进行思想统治。这就是"焚书坑儒"。与秦始皇想法不一致的，就全部都要被消灭。秦始皇才能出众的同时，又在秦国实行严刑峻法，因而命令（公元前213年的挟书律）得到了彻底的施行，大量的竹简与木简被焚毁。诸子百家所代表的思想自由的年代结束了。不得不说这是令人万分惋惜的。

儒家经典当然也没有幸免。不过在西汉时，通过学者们口头相传记录成书的经典被称为今书，在焚书中幸免于难的经典则被称为古书。秦律（法治主义）的效应在边境地区也没有衰减半分，边境地区出土的竹简与木简是最强有力的证明。从国土的范围以及时代的久远来看，这真是让人不得不感叹的事实。秦帝国是人类历史上第一个超越了时代限制的强有力的中央集权国家。

【三皇五帝】

中国传说中上古的帝王，据《史记》记载，三皇是伏羲、女娲、神农（炎帝），但是这一部分可以判明是唐代额外补充的。五帝则是黄帝（中华民族之祖）、颛顼、喾、尧、舜。这五位君王都通过禅位给贤人的方式传承君位。尧与舜被儒家认为是理想的圣人君主。舜禅位给了治水有功的禹（夏王朝的始祖，但有说法认为，禹本来是开始整备道路网的战国时代的交通神，治水与铁器等传说因为时代上的不合理，很有可能是根据战国时代的传说加工而成的），将天下分为九州的禹则作为禅让制的最后一人，宣告了圣王时代的结束。

作为一个大帝国的总工程师，秦始皇拥有非常杰出的才能。他创立的中国国家基本结构被沿用了 2000 年以上，即便是现在的中国也不例外。秦的名字就是英语中的 China，直到现在依然指代着中国。秦始皇陵里等身大小的兵马俑雕像如实反映出了秦朝国力的充实。与之相比，西汉时期的兵马俑就显得矮小。商代的活人殉葬，经过时代的发展被兵马俑所取代。

秦始皇统一全国后，没有休养多久就开始巡行全国。公元前 220 年、前 219 年、前 218 年、前 215 年、前 210 年，他进行了共计五次的全国巡行。公元前 219 年，秦始皇在五岳之一的泰山进行了自周成王以来的又一次封禅仪式（向天地报告即位），同时他为了寻找长生不老药，派遣方士徐福向东海航行。日本也有徐福东渡的传说。不过，徐福很可能是在诓骗秦始皇。就这样，反应过来的秦始皇开始极度不信任方士，由此开始了"坑儒"——"坑儒"并不仅是针对儒家的。

中国北方的草原地带，在战国时代也形成了游牧民族政权。最初是月氏、东胡、匈奴三足鼎立的局势，不过到了战国末期，匈奴（突厥系或是蒙古系民族）逐渐强势起来。匈奴是他们的族名，有学说认为他们与位于西方的最初的游牧民族国家斯基泰极为类似。从各地的遗址中发掘出来的短剑等物品都极为相似，很明显匈奴受到了斯基泰的影响。

匈奴通过族长会议（龙会，同时举行祭祀腾格里——也就是天——的仪式）选出首领，拥有基于十进制（什长、百长、千长）的军事组织，左、中、右三军组成的军团。后世的蒙古帝国从方方面面承袭了这种游牧民族政权的基础结构。

北方游牧民族的军事实力极为强大，因此赵武灵王（前325—前299年在位）为了对抗他们，进行了胡服骑射的军事改革，胡服就像我们现在所穿的裤子。同时，饱受北方游牧民族所害的赵国和燕国用版筑技术（用黄土加固）建造了长城。蒙恬率军将匈奴逐出了河套地区（西、北、东三面被黄河流经的大弯曲包围），又将各国修建的长城连接在一起，这就是万里长城。秦长城相较于明长城更加偏北，可以看出秦朝对匈奴的强势。

【万里长城】

西汉继承了秦始皇连接起来的长城。汉武帝将长城往东西两方面延长,西汉时期的长城是最长的。不过到了东汉时期,随着与匈奴外交关系的缓和,长城的重要性开始下降。出身北方游牧民族的北魏虽然利用了长城(对柔然、突厥作战),但是到了隋唐时期,长城又失去了它的功效,之后的元朝与清朝也是如此。

因为澶渊之盟的存在,长城在宋朝也没有发挥功效。能有效使用长城的一定是需要与北方强大民族对峙的王朝,例如金(对蒙古汗国)或是明(对元或是女真)。所以纵观中国的历史,需要利用长城的时间比重并不是很大。

首都咸阳,名为阿房宫的巨大宫殿群开始建造(公元前212年),包括秦始皇陵(位于骊山)在内的大规模土木工程极多,征调了大量的人力。

在北方击败了匈奴的秦始皇,马上就将目光转向了南方,开始与被称为百越的山民展开战争。为了支持这一行动,他又开始了一项名为灵渠的运河工程(公元前214年)。灵渠连接了长江的支流湘江以及流向广东地区西江的漓江,它一共有36个能调整水位的水门。都江堰(水利、灌溉工程)、万里长城、灵渠都是中国古代的大型土木工程。

统一国家之后,确实

灵渠

应该是确保周围异族的臣服，中国的百姓因为秦朝的严刑峻法以及不间断的战争和土木工程的劳役而疲惫不堪。对异族（匈奴、百越）的战争以及与之相关的土木工程（万里长城、灵渠，以及被称为直道的军用驰道）也是秦朝灭亡的原因。严苛的万里长城工程中诞生了《孟姜女》的故事。

它讲述了一位新婚的丈夫被征发去建造长城后，妻子不远万里前去寻找丈夫的故事，据说春秋时代已经有类似故事的雏形了。妻子最终只发现了丈夫的尸骨，悲痛无比的她最终也投渤海自尽。不过，因为秦始皇强硬的统治手腕，并没有什么反抗的迹象。秦始皇陵可能是人类史上规模最大的陵墓。

公元前210年，秦始皇在巡行全国的途中病逝，他的心腹赵高（？—前207）与李斯共谋拥立了愚昧的胡亥（前210—前207年在位）为二世皇帝，同时逼迫了在北方驻守边疆的长子扶苏（？—前210）与蒙恬自杀。《史记》并没有记载扶苏或胡亥的生母，也就是秦始皇的皇后的名字。以上都是《史记》的记述，不过有另一种说法称，秦始皇巡行全国时，胡亥与他同行，并在秦始皇临终时被指定为继承人。

赵高在胡亥面前指鹿为马（日语中"马鹿"一词的由来），极尽专横之能事。他最终在权力斗争中击败了李斯，处死了他。在超负荷运转了十年后，这个新生帝国的弊端开始显现了。

公元前209年，陈胜、吴广发动了农民起义。陈胜留下了"王侯将相宁有种乎"（王侯将相不是生来就注定的，任何人都有登上高位的机会）以及"燕雀安知鸿鹄之志哉"（燕雀一样的小人物无法理解大鸟一样的大人物的志向）这两句名言，他被秦将章邯（？—前205）击败。

虽然陈胜失败了，但是他的起义成了导火索，各地都爆发了起义。在楚国的旧领土，项羽（项籍，前232—前202）和刘邦（前247—前195）开始崭露头角，公元前206年，成立不过15年的秦朝灭亡了。

项羽　　　　　　　刘邦

最初，楚国贵族出身的年轻将领项羽手握霸权（西楚霸王，率领由十八路诸侯王组成的联盟），然而仅仅四年后的公元前202年（与扎马战役同年），他就在因虞美人（虞姬，有垓下之歌）与四面楚歌而闻名的垓下之战中被击败。同年，刘邦建立了汉朝。底层出身的刘邦，实现了陈胜的梦想。

项羽出身于楚国的将军世家，攻无不克，战无不胜。而刘邦是楚国的富农出身，没有受到过很好的教育，却有着一股独特的人格魅力。刘邦的周围聚集起了萧何（？—前193）、张良（？—前186）、韩信（前230—前196，"三分天下之计"和"背水一战"等典故的主角，萧何评价他"国士无双"）等各种英才。不过，在汉朝建立之后，韩信等大部分功臣都被刘邦肃清了。

秦朝灭亡之后，岭南三郡（桂林、南海、象）的地方长官赵佗（前210—前137年在位）巩固了自己的基础，建立了南越政权。他以番禺（今广州）为都城，控制着直到越南北部的疆域。秦始皇为了与同为先进国的印度进行海上贸易，设置了岭南三郡，以此来控制作为中转地的越南北部。刘邦这时并没有余力向南方扩张，南越继续维持独立。

刘邦将都城设置在距离咸阳不远的长安，将秦朝的法律简约化，同时把秦国的郡县制变为了郡国并行制。这一制度主要是在重要地区施行郡县制，而在边境则通过分封亲族或是功臣建立王国。郡县制的中央政府这一根本模式并没有发生改变。汉律几乎完全继承了秦律。

一度被秦始皇击退的匈奴势力，在英主冒顿单于继位后，趁楚汉相争之际，重新占据了河套，东山再起。公元前200年，冒顿单于将率军亲征的刘邦包围在了白登山，强迫汉朝同意实质上是汉朝从属于匈奴的和平条约，汉高祖不得不同意了。秦朝严苛的统治与之后持续数年的战乱，让中国百废待兴。所以从某种意义上来说，刘邦的抉择是正确的。

汉朝分为西汉与东汉，国祚共计400余年。汉这个字被用于汉字、汉学、汉诗等词语，成了中国的代名词。因为汉朝几乎全盘接受了秦朝的法律与国家制度，所以秦与汉经常被合称为秦汉帝国。因为刘邦出生于楚地，因此在某种程度上，汉帝国也是楚文化的继承者。皇帝与龙的密切关系是刘邦确立的。在此之前，周天子的象征是鸟。

刘邦驾崩后，他的糟糠之妻吕后（吕雉，前241—前180）执掌大权约15年，在这期间可以说是为所欲为。不过刘邦对待吕氏一族十分冷酷，也许吕后此举带着一些复仇的意味。吕后与后世的武则天以及慈禧太后都成了坏女人的代名词，不过她归根结底只是为了自己家族的荣华富贵（虽然也为自己修建了规模堪比刘邦的陵墓），对国家的损害并没有很大。面对如日中天的冒顿单于，吕太后贯彻了消极抵抗的外交政策，但是从结果来看，这为汉朝的休养生息提供了更多的时间与安稳的环境。公元前190年，长安城建成。

吕后逝世后，继承大统的是第五任皇帝——汉文帝（前180—前157年在位），他施行仁政，杜绝厚葬。他的陵墓选在了一处自然丘陵的山洞中。汉文帝在即位之初，给全民分封了爵位，举行了持续五天的酒宴。每逢佳节时，平时分给军队的爵位（秦汉二十等爵）也会给予平民，同时还允许他们欢宴庆贺，这一制度也出自秦始皇之手。

乡里中举行宴会时，座次的排列是按照爵位来的，同时皇帝与平民之间通过授受爵位建立起了一种一对一的从属关系。日本的皇室勋章制度很可能是从这一制度发展而来的。

罗马内战

公元前146年，毁灭了迦太基的罗马吞并了希腊与马其顿，几乎完全取得了地中海的制海权。罗马自公元前215年开始，与支持汉尼拔的安条克朝马其顿王国进行了共计四次战争（马其顿战争），最终灭亡了马其顿王国。希腊人波利比乌斯（前204—前125）在著作《罗马史》中记载了直到公元前146年为止的罗马史。公元前133年，帕加马王国最后一位国王留下遗嘱，将国家转让给了罗马。罗马采用着以元老院为中心的共和制作为政体，不过因为领土扩张过快，导致了已有的政治机构无法有效地发挥功能。

从北非属州（原迦太基）大量输入的小麦，再加上从军时间长期化，罗马的市民——同时也是农民、重装步兵——阶层开始没落。他们涌向都市，他们失去的土地最终被大贵族合并，并且开始了用奴隶作为主要生产力的大农园经营。这种庞大的个人土地被称为奴隶制大庄园（latifundium），没有土地的无产公民群体则被称为平民（proletarius，德语"无产阶级"一词 proletariat 的词源）。大贵族为了将这些无地公民纳入自己的派系，开始通过名为"面包和马戏"的愚民政策讨得他们的欢心。"马戏"是圆形竞技场中进行的运动和观赏活动的总称。

哥哥提比略·格拉古（前168—前133）于公元前133年、弟弟盖约·格拉古（前154—前121）于公元前123年相继担任保民官。他们试图推行限定大贵族土地持有量，再将余裕的土地分配给平民的土地改革。这项改革遭到了代表贵族的元老院的强烈反对，兄弟两人也相继遭到贵族派的杀害。原本代表着中产阶级的有产公民阶级没落后，贫富差距愈发扩大，在这样的两极分化中，罗马的政治局势一片动荡。格拉古兄弟的改革就是它的象征之一。

公元前150年前后，位于阿富汗的希腊人国家巴克特里亚（本土，并非印度的巴克特里亚王国）亡于被匈奴驱赶而来的游牧民族大月氏。希腊人（巴克特里亚王国）的势力范围就仅限于旁遮普地区了。帕提亚国力日强，他们于公元前141年攻陷了巴比伦。被帕提亚击败的塞琉古王朝持续处于混乱低迷的状态，同样是公元前141年，犹太人趁机宣布独立，是为哈斯蒙尼王朝（至公元前37年）。犹太人自公元前167年的马卡比大起义以来，一直与塞琉古王朝进行着抗争。

汉朝的兴盛

汉朝第六任皇帝汉景帝（前157—前141年在位）统治期间，爆发了以吴王为中心的刘氏一族掀起的吴楚七国之乱，最终被集体镇压。其结果使得汉朝的国家体制变回了与秦朝相同的郡县制。汉文帝与汉景帝的统治时期被称为"文景之治",在中国悠长的历史中也是值得大书特书的稳定成长期(盛世)——中国历史上能被称为盛世的只有四个时间段。

公元前141年,汉朝的第七任皇帝汉武帝即位,开始了他漫长的统治生涯(共在位54年)。汉武帝任用了董仲舒(前176—前104)等大儒,试图借助儒家思想的力量强化专制国家,同时于公元前140年启用了中国历史上第一个年号(建元)。儒家思想原本就肯定了现实世界的重要性,同时还强调了"君君、臣臣、父父、子子"的礼教,是十分适合用来维护帝国统治的学说,持有六艺(《诗》《书》《礼》《易》《春秋》《乐》)这一范围广大的专业知识也很符合汉帝国当时的需求。

差不多同一时间,太学之内设置了五经博士的官职,不过具体的情况尚未解明。虽然这一时期儒家学者开始受到格外关照,不过并不代表这儒家学说已经一跃成为国家的思想支柱。这个时代,尊崇黄帝(五帝中的第一位)与老子的黄老思想十分盛行,这一思想中的至高神太一受到了国家的供奉。名为乡举里选的制度也在这一时期开始实施。

无法忍受匈奴专横的汉武帝,于公元前139年派遣张骞(?—前114)前往寻找被匈奴赶往西方的大月氏,邀请对方一起夹击匈奴。这场对匈奴的持续到汉武帝逝世的为期约五十年的大规模战争开始了。但是,大月氏已经在西方安定了下来,失去了对匈奴复仇的想法。虽然张骞没有达成使命,不过他在出发后的第十三年回到了汉朝,开辟了通往西域的路线。

连接欧亚大陆东西方的交易商路,大致有三条。从第一条是骑马经由草原地带的草原道(也被称为欧亚走廊);第二条是海上交易路线;第三条是经由天山北道或是南道等沙漠地带(被19世纪的德国地理学家斐迪南·冯·李希霍芬男爵命名为丝绸之路)的交易路线。汉朝自刘邦以来一直对匈奴采取服从的立场以及和平外交的姿态,也没有进行大规模的外征。因此,国力恢复,府库充盈。

准备充分的汉武帝任用卫皇后的弟弟卫青(?—前106)以及她的外甥霍去病(前140—前117)为将军,数次讨伐匈奴,公元前112年,匈奴的浑邪王率领他的部属投降了汉朝。汉朝与匈奴之间的主从关系终于完全逆转了。汉武帝同时还派遣了李广利(?—前88)率军前往大宛(今乌兹别克斯坦费尔干纳),终于获得了心心念念的汗血宝马。顺带一提,李广利的妹妹也是汉武帝的宠妃之一。

不过,大规模的对外战争带来的是对国家财政的压迫,为了应对这一情况,汉武帝提拔了经济官僚桑弘羊(前152—前80)。公元前119年,盐、铁、酒的国家专卖政策施行。公元前115年,均输法(由政府征收特产物,再将它转卖到其他地区)推出。公元前110年,平准法(物价过低时政府会出资回购,物价过高时政府会出售库存)等法令实施,试图增加年收入。

半两钱　　　　五铢钱

汉武帝于公元前118年推行了货币改革，这一改革废弃了半两钱（公元前336年起秦国使用的货币），发行五铢钱，并且租税（基本是人头税）全部以五铢钱征收，进而将这一货币制度推广至全国。五铢钱是十分稳定的货币，因此一直被使用至唐朝初期。

解决了匈奴问题之后，汉武帝开始了第一次巡行。公元前111年，南越被攻灭，越南北部至中部设置九郡。以南越为据点的夜郎（位于贵州，因成语"夜郎自大"而出名）等国家也臣服于汉朝，控制了越南中北部至云南一带的中国，开始直接参与对东南亚的贸易。

当时的中国盛产金矿，同时还有丝织品这一特产，在贸易中占据的优势极大。从此以后，越南中北部都被当作对外贸易的港口，直至福州和泉州等港口都市的崛起。

公元前108年，卫氏朝鲜（传说中的箕子朝鲜后的第二王朝，公元前194年由燕人卫满建立）也被吞并，紧接着在当地设立了乐浪等四郡。乐浪郡在此后一直存续了约400年，至公元313年。朝鲜的各小国或是日本都在乐浪郡对汉朝进行朝贡。武帝的统治时期，尤其是前半段，是中国古代史上当之无愧的高峰。"秦皇汉武"一词，可能体现了汉武帝经常有意识地将自己去跟秦始皇进行比较。

撇开汉武帝时期对历史的改编，无论是作为国家设计者还是作为领袖，都是秦始皇更为优秀。公元前110年，汉武帝也在泰山举行了封禅仪式（后世的汉光武帝、隋文帝、唐高宗、唐玄宗、宋真宗都在泰山举行了封禅仪式），然后前往秦始皇位于渤海沿岸的行宫。汉武帝眺望着遥远的东海，内心对长生不老药也渴望了起来。公元前140年，汉武帝废止了从十月开始计算的颛顼历，改用从立春正月开始的太初历（太阴太阳历）。

公元前100年前后的世界形势

约公元前100年，在百乘王朝的统治下，阿旃陀石窟的工程开始了。在中国长安，继承了父亲司马谈遗志的司马迁（前135—前86），翻阅各种竹简与木简，呕心沥血地投入到《史记》的创作活动中。在遥远的新大陆，善于建造大规模金字塔的特奥蒂瓦坎文明在墨西哥地区大放异彩。

在努米底亚战争中击败努米底亚王朱古达的平民将军马略（前158—前86）在公元前107年对罗马的军队实施了改革（公民皆兵制改为应募志愿兵制），这同时解决了都市的失业问题，不过，马略后来与派阀贵族出身、得到元老院支持的苏拉爆发了剧烈冲突。伴随着志愿兵制的普及，士兵的效忠对象变成了能拿出足够资金的大贵族或将军，军队开始私人化。

公元前191年，以萨莫奈人为主的叛乱军兴起，他们建立了名为意大利的新国家，但是被马略讨平了。公元前90年，为了获取罗马的公民权，同盟者战争开始了。罗马公民本来有服兵役的义务，但是伴随着马略的军事改革后，罗马公民开始被认为是一种特权阶级。同盟者战争结束后，全意大利范围的同盟城邦都获得了罗马公民的身份。马略去世后，苏拉率领着麾下的军队进驻罗马掌控了权力。

在中国，进入晚年的汉武帝沉溺于李夫人（形容绝世美女的"倾国倾城"一词由她而来），逐渐变得昏庸，国力开始盛极而衰。公元前91年，在奸臣江充的暗中操作下，巫蛊之祸爆发，皇太子刘据因而自杀。公元前88年，汉朝在西域设置了敦煌郡。敦煌的历史由此开始。

【巫蛊】
巫蛊指巫师通过咒术诅咒他人，不过原本是特指使用百虫（蛇、蜈蚣、蚰蜒等）的咒术。江充使用将写有欲诅咒者名字的人偶埋入地下的这一"巫蛊之术"。这个方法非常容易捏造，因此常被用来铲除政敌。

公元前87年，汉武帝逝世。年仅八岁的汉昭帝被拥立即位，由早逝的霍去病的异母弟霍光（？—前68）主政。霍光执掌大权时诞生了"关白"[①]一词。霍光死后，第九代皇帝

[①] "关白"的汉语本意为报告，后来在日本官职中，辅佐成年天皇执政者被称为关白。

汉宣帝（藏匿于民间的刘据之弟，前74—前47年在位）肃清了霍氏一族，同时派遣郑吉出使匈奴，将其分化为东西两部，实现了汉王朝的中兴。匈奴的威胁彻底消失后，汉宣帝在乌垒城（位于敦煌的西方、龟兹的东方）设置了西域都护府，正式开始在西域扩张汉朝的势力。

然而汉宣帝死后，汉朝长期处于外戚专权的情况，国力也随之衰弱。公元前48年，王政君（前71—13）被汉元帝（前48—前33年在位）立为皇后。她的族人中后来出现了一个名为王莽的人。公元前33年，汉朝宫女王昭君嫁给了呼韩邪单于（前59—前31年在位）。

除了在汉武帝或是王莽等特殊时期，汉朝与匈奴基本上都是和平共处的，通婚也是屡见不鲜的。王昭君与春秋时代的西施、三国时代的貂蝉，以及杨贵妃，并称为四大美女，还有一种说法将貂蝉替换为虞姬。

呼韩邪单于与王昭君像

公元前 68 年，印度的巽伽王朝被甘婆王朝取代（至公元前 23 年），甘婆王朝比之巽伽王朝更加弱小且短命。这之后的恒河流域，在被笈多王朝统一之前，除了短暂统一的贵霜王朝，再也没有出现过一个能统一这个流域的政权了。同一时期的德干高原，达罗毗荼语人的王朝百乘王朝（安达罗王朝，前 230—约 220）开始强大，它最终消灭了甘婆王朝。

公元前 85 年，斯基泰系的赛种人在国王毛厄斯的领导下入侵了印度西北部，他们驱逐了印度的巴克特里亚势力后，又进入了犍陀罗地区。这就是印度斯基泰王朝。希腊人势力自此彻底退出东方舞台。印度各地虽然分裂为诸多国家，但是因为身处东西贸易的要地，所以经济依然保持稳定发展。

公元前 1 世纪，现存最早的佛经大藏经（网罗了佛教所有经典的丛书，也被称为一切经）《巴利文三藏》（经藏、律藏、论藏）成书了。佛教的经典集大藏经还有囊括了大乘佛教经典的《汉译大藏经》和《西藏大藏经》，这三大系统流传至今。经是佛陀的教诲，律是生活的规范，论则是注解经和律的书籍。

恺撒与奥古斯都

原为苏拉的部下，在剿灭海贼（公元前 67 年）中声名远扬的庞贝（前 106—前 46），在公元前 64 年率领罗马军队灭亡了塞琉古王朝，第二年，又成功征服了犹太人（哈斯蒙尼王朝）。罗马与波斯势力（帕提亚）开始了直接对峙。公元前60年，罗马进入了由三位势力强大的政治家主导的时代（前三头同盟）。

这三位分别是：控制着罗马的庞贝，平定了斯巴达克斯叛乱（前73—前71）的克拉苏（前115—前53，负责对东方的扩张），以及恺撒（盖乌斯·尤利乌斯·恺撒，前102—前44）。

负责经营西方的恺撒，在公元前58年发起了高卢远征（至公元前51年）。由维钦托利领导的高卢人被击退后，恺撒还征服了不列颠岛。公元前51年，恺撒发行了他的著作《高卢战记》。负责东方事务的克拉苏则没有被命运眷顾，他在公元前53年的卡莱战役中被帕提亚帝国击败，本人也战死了。剩下的两巨头——罗马的庞贝与高卢的恺撒一决高下的时候越来越近了。

公元前49年，恺撒率军渡过了卢比孔河，并留下了"骰子已经掷下"这一名言（卢比孔河隔开了属州与罗马本土，按规定不得擅自率军渡河）。他进军罗马后，紧追逃跑的庞贝，于公元前48年进入希腊地区，并在法萨罗之战中彻底击败了庞贝。庞贝逃亡至埃及，继而被杀。

恺撒在亚历山大港调停了托勒密王朝的内战（以前认为缪斯庙在这一时期失火，馆中许多宝贵的藏书化为灰烬，不过彻底摧毁缪斯庙的其实是公元5世纪初发起暴动的基督教徒），克丽奥佩特拉七世（前50—前30年在位）复位。之后，克丽奥佩特拉为恺撒生下了儿子恺撒里翁。

公元前46年，获得了十年独裁官任期的恺撒开始着手进行罗马的改革。恺撒与大流士一世或是秦始皇一样，是一位不世出的天才政治家。公元前45年，恺撒采用了太阳历（儒略历），这是随克丽奥佩特拉七世一起来到罗马的缪斯庙数学家索西琴尼计算的成果。儒略历略微修正之后，即是使用至今的公元纪年。我们不得不感谢恺撒与克丽奥佩特拉。

恺撒确信，当时罗马的规模，仅靠西塞罗（前106—前43，斯多葛学派哲学家）与小加图（前95—前46，一直强调"迦太基必须被毁灭"的老加图的曾孙）所梦想的以元老院为中心的共和制是无法进行有效统治的。恺撒认为，只有依靠官僚机构以及拥有常备军队的帝国制度，才能统治如此庞大的领地。对于意大利以外的在职教师与医生，恺撒给予他们罗马公民权利，同时他还毫不吝啬地将罗马公民身份赠与当地权力者。恺撒的目光并不局限于意大利半岛，而是注视着整个罗马帝国。

但是，对政敌宽宏大量，甚至不进行处罚的恺撒，在公元前44年，于元老院内被共和派的布鲁图斯等人刺杀。相传恺撒将布鲁图斯当作自己的孩子一样疼爱。莎士比亚的《尤利乌斯·恺撒》中的名台词"还有你吗，布鲁图斯"如今依然脍炙人口。

恺撒的政治改革短时间内被废止了。作为他的继承人的是年仅18岁、当时尚寂寂无名的屋大维（恺撒妹妹的孙子，前63—14）。屋大维不仅得到了恺撒的赏识，他本人也是意志坚定的强者。虽然与恺撒相比，他的军事才能不值一提，但是政治才能是天才级的。

屋大维将军事全盘托付给他的挚友阿格里帕（前63—前12）。公元前43年，安东尼（前83—前30）、屋大维、雷必达（前90—前13）结成了后三头同盟。安东尼与雷必达都是恺撒的旧部。公元前42年，屋大维与安东尼联手在腓力比之战击败了布鲁图斯，布鲁图斯在此战中自杀。公元前36年，屋大维流放了试图反抗他的雷必达。

在这之后，驻军东方的安东尼与克丽奥佩特拉七世结成了同盟，公元前31年的阿克提姆海战中，安东尼一败涂地。公元前30年，安东尼与克丽奥佩特拉七世在埃及自杀。征服了富饶的埃及，这一举缓解了常年征战的屋大维的财政情况。恺撒里翁被杀，托勒密王朝也灭亡了。

埃及成了屋大维的金库与谷仓。由此，地中海完全变成了罗马人的内海。罗马人的语言拉丁语成了这个地中海帝国的通用语。

凯旋的屋大维在公元前27年，被元老院授予了奥古斯都（尊严者）的称号。罗马进入了事实上的帝国时代（元首制）。奥古斯都（前27—14年在位）以尊重共和制为基本方针，于公元前23年，赋予自己终身保民官职位以及与执政官同等的权力。

奥古斯都像

公元前 20 年，奥古斯都与宿敌帕提亚帝国和谈，对于北方的日耳曼各部族则构筑起了易北河—多瑙河的防线，执行专守防御的政策。在公元 9 年的条顿堡森林战役中，由阿米尼乌斯（前 16—21）率领的日耳曼联合军几乎全歼了瓦卢斯率领的罗马军团。二代皇帝提比略因此选择将易北河的防线后撤至莱茵河。

在内政方面，奥古斯都则致力于道路网、桥梁、上下水道等基础设施的建设。罗马军团同时也是伟大的工程师，他同时具备战时的作战能力与和平时期的基础设施建设能力。回归和平的罗马帝国保有正规军十七万人，绝对称不上是军事国家。奥古斯都的政府模式是小型政府。公民只需要缴纳增值税（百分之一）以及继承税（百分之五）就可以了。

在行政方面，广大的属州被划分为皇帝直辖领地（多为新近设置的属州）和元老院属州（自古以来的属州）。可以理解为，这是一种模仿了波斯帝国总督制的郡国并行体制。属州居民需要承担占收入十分之一的税金，不过参加军队就可以免除。同时，奥古斯都还对完成军队服役者授予罗马公民身份，因此罗马的军队战斗力极强。

奥古斯都治下的罗马帝国，因为基础设施的完善，商业活动繁荣，市民们享受着和平的生活。罗马和平时期（Pax Romana）到来了。

奥古斯都的好友梅赛纳斯（前70—前8）具有伊特鲁里亚王室血统，他实施了许多文化保护政策（"文艺赞助人"一词Maecenas正是来自梅赛纳斯的意大利语音译）。

著有罗马建国神话《埃涅阿斯》一书的诗人维吉尔（前70—前19）、留有《诗艺》一书的贺拉斯（前65—前8）、汇集古希腊与古罗马神话于《变形记》一书的奥维德（前43—17）、写下了《罗马史》的李维（前59—17）、著有《地理学》的斯特拉波（前64—23），以及建筑家维特鲁威（《建筑十书》的作者，前70—前15）都活跃于这一时期。

其实，阿基米德洗澡中的"尤里卡（我发现了）！"这一著名故事即出自《建筑十书》。政治的安定、经济的活跃是文化大发展不可或缺的前提。

恺撒的政治蓝图由奥古斯都完美地实现了，说这是历史上最出色的一次后继者选择也不为过。恺撒启用的儒略历中的七月与八月，就是分别用这两人的名字命名的。

欧亚大陆东西两侧都出现了政治安定的大帝国，因此帕提亚和印度诸国等也通过东西方贸易获得了巨大的利益。

公元元年的世界

公元元年的生产总值推算如【表2】所示。

【表2】公元元年的生产总值推算（世界占比）

汉	26.2%
印度诸国	32.9%
帕提亚	9.7%
罗马	17.2%
倭（日本）	1.2%

公元元年的世界是四大国（汉、印度、帕提亚、罗马）的时代。东面的汉都长安，年仅九岁的汉平帝即位（前1—6年在位），实权掌握在安汉公王莽的手中，此时距离王莽篡汉还有7年。公元2年，汉朝进行了世界上第一次人口普查，根据报告，总人口为59594978人。

在当时，能得出如此精细的人口报告成果是令人瞠目结舌的。都城长安大约有25万人口，不过当时汉王室在陵墓周围建了七座陵邑（守陵城市）。陵邑制度始于秦始皇，汉宣帝在公元前43年取消了建设新陵邑的计划，陵邑制度也随之废止。根据记载，汉高祖的长陵有人口18万，汉武帝的茂陵（司马迁也居住于此）有人口28万人，将这些长安的周边城市也算上的话，长安的总人口很可能超过了100万人。毋庸置疑，它是当时的世界第一大都市。

当时还有将地方豪族和普通民众强制迁往陵邑和边境都市（防守据点）的政策，这类移民被称为徙民。

印度依然处于南北分裂状态，不过依靠与汉、帕提亚、罗马的贸易，经济取得了蓬勃的发展。这一时期，大乘佛教受到了印度教扩张的刺激，扩建了阿育王建造的桑吉大窣堵波第一塔。位于印度东北区域的孟加拉开始从起源自新几内亚的红甘蔗中提炼砂糖。由印度开创的砂糖生产技术，将在7世纪向中国（唐王朝）与西方（萨珊波斯帝国）扩散。

帕提亚帝国与罗马帝国依然保持着和平。在获得了国父称号（公元前2年）的奥古斯都的治下，罗马平稳发展。然而，奥古斯都最疼爱的两个外孙（盖乌斯·恺撒与卢修斯·恺撒）却在此时相继离开了人世，这一悲剧完全出乎年迈的奥古斯都的预料。据推测，罗马城的人口在此时已经达到了100万人左右。

在罗马帝国的东部领土，巴勒斯坦的拿撒勒，一个名为耶稣的孩子迎来了他人生中的第四个春天。日本的倭人则分为百余个国家互相争斗，其中的一部分派出使者前往乐浪郡，向汉朝朝贡。